Günther Marissal · Dänischer Segelsommer

Günther Marissal

Dänischer Segelsommer

Vorwort von Siegfried Lenz

mit Zeichnungen von
Christel Hoffmann-Plath

Hans Christians Verlag Hamburg

Copyright 1972 by Hans Christians Verlag Hamburg
Alle Rechte der Verbreitung, auch durch Film, Funk, Fernsehen,
fotomechanische Wiedergabe, Tonträger jeder Art
und auszugsweisen Nachdruck, sind vorbehalten.
Gestaltung und Herstellung: Hans Christians Druckerei Hamburg
Printed in Germany, ISBN 3 7672 0202 6

Denk ich an Tanja ...

Gut, ihr Deck habe ich betreten, auch unter Deck habe ich mich umgetan, und den Whisky, den sie mir an die trockene Insel heransegelte, habe ich andächtig getrunken. Aber Beziehungen? Oder gar ein Verhältnis? Wir haben keinen Sturm zusammen abgeritten, weder vor dem noch am Wind hat sie mir ihre Fähigkeiten bekannt, – ich habe ihr kein Segel gesetzt, von keiner Untiefe geholfen – kurz gesagt: mit einem intimen Journal realistischer Erfahrungen kann ich nicht aufwarten. Alles, was ich von Tanja behaupten kann, ist, daß ich mich beunruhigend wohl auf ihr fühlte. Ein Wohlgefühl dieser Art erfordert natürlich eine Begründung, und ich erinnere mich, daß ich mich auf ihren Planken unwillkürlich dem Zwang ausgesetzt sah, ihr einen Charakter anzuhängen, sie mit Temperament und Biografie träumerisch auszustatten, sie mir als Hamburger Dame vorzustellen mit allen unterschobenen Eigentümlichkeiten. Für eine Zsa-Zsa Gabor mochte und wollte ich sie nicht halten, denn exaltiertes Temperament verriet sie nicht, eher eine Art Gediegenheit: sie schien schon auf den ersten Blick zuzugeben, bis zu welcher Grenze auf sie Verlaß war. Sie kam mir vor, wie mit dem Klaren Kühlen aus dem Norden getauft, Bommi mit Pflaume hielt ich sogleich für ihr Lieblingsgetränk, ja, und ihren Familiensinn mochte sie sogleich zugeben. Keine Seeschwalbe, keine Sturm-Möwe, eher ein schwerer, familienfreundlicher Albatros: so ließ sich Tanja ornithologisch beglaubigen. Die Zeitung, die sie gern gelesen hätte, die es aber nicht mehr gibt, wäre wohl das Hamburger Fremdenblatt gewesen; die meiste Zeit hätte sie mit Familiennachrichten verbracht. Da sie Zuneigung nur für Personen, nie für Parteien aufbrachte, hätte sie, angesichts der respektablen Hamburger Bürgermeister – und wohl auch aus Tradition – SPD gewählt; freilich hätte sie ihre Zweitstimme den Freien Demokraten gegeben. Was Tanja zu erkennen gab, war ein Behagen im Unveränderlichen.

Wie großzügig sie gegen das penible Ordnungsreglement preußischer Bootsleute verstieß! Sie dachte nicht daran, jeden Tampen schulbuchgerecht aufzuschließen, jeden Fender zu verstauen. Sie rasierte sich nicht einmal zu den Veranstaltungen des Segel-Clubs ihren Bartflaum weg. Die Schaumpullover, die die Ostsee um sie herum häkelte, übersah sie, desgleichen die dramatischen Entwürfe von Sonnenauf- und untergängen. Worauf es ihr ankam: Meilen über dem Grund gutzumachen und am Abend sicher angebunden zu sein. Dafür entschädigte sie die, die von ihr abhingen, mit einem sozusagen goldenen Herzen.

Ich bin nicht ängstlich, von ihr, von Tanja, widerlegt zu werden. Ich versuchte, mir einige Gründe für das spontane Wohlgefühl aufzuzählen, das ich hatte, als ich sie zum erstenmal betrat. Schließlich dürfen wir davon ausgehen, daß jeder sie anders beansprucht und sie sich deshalb jedem anders zeigt.

Siegfried Lenz

Auf der Suche nach dem Traumschiff

Draußen fror es noch, und die Boote meiner Freunde hielten ihren Winterschlaf – ungestört von Sandpapier, Schleifmaschinen, Rosthämmern und Ziehklingen. Da juckte es mich plötzlich, mein Sparschwein auszuleeren und die Marktlage für Yachten zu studieren. Bewaffnet mit den Angeboten eines agilen Maklers, zog ich an kalten Sonntagen in Schnee und Regen von Werft zu Werft und von Winterlager zu Winterlager. Aber ohne Erfolg. Ich fand nicht das, was ich wollte und mein Sparschwein konnte. Was ich fand, waren Yachteigner, die sich nur mit Tränen von ihren Booten trennen konnten. Tränen, deren Wert auf den Bootspreis kräftig aufgeschlagen wurde. Mit solchen Leuten war nicht zu handeln. Sie empfanden mein Unterbieten als eine Beleidigung, ich ihren Preis als zu hoch. Sie sahen ein Boot, dem sie sich im Sturm anvertraut hatten, das ihnen Ferienheimat und Wochenendzuflucht war. Sie kannten seine Vorzüge wie seine Schwächen und liebten beides.

Auch ich sah ein Boot. Aber das bestand aus Länge, Breite, Tiefgang, Segelfläche, Kojenzahl, Alter, Holzart etc. Sonst gar nichts. Ich wußte nur zu gut, daß auch ich meine Sachlichkeit schnell verlieren würde, wenn ich erst einmal zugegriffen hätte.

Wieder saß ich bei einem Agenten zwischen buntblitzenden Motoren, monströsen Rettungsinseln und komplizierten Peilinstrumenten. Wieder flatterten mir druckfeuchte Listen neu auf den Markt gekommener Yachten zu. Wieder zog der geschäftige Makler Foto um Foto aus blechernen Karteischränken und kreiste mich ein mit einer stattlichen Flotte von Yachten, die jedem Segelclub zwischen Elbe und Schlei zur Ehre gereicht hätte. Aber mein Schiff? Mein Schiff war nicht dabei. Schließlich wurde er nachdenklich, sammelte seine papierne Armada wieder ein und tippte plötzlich auf eine Nummer. Das sei mein Schiff. Ich zog die Schulter hoch. 8,35 m. Zu klein, viel zu klein. 10,00 m waren mein Limit. Ich solle es mir doch mal anschauen. Es läge in Travemünde.

14 Tage später schnitzte ich zwei schmale Mahagonibrettchen und malte auf jedes den Namen Tanja. Ich hatte mein Schiff gefunden. Die mir auf dem Papier zu kurz erschienene Länge von 8,35 m kompensiert es mit einer stattlichen Breite von 2,60 m. Es beherbergt vier geräumige Kojen, eine Kombüse und viel Stauraum. Alles an der Tanja ist leicht gerundet, das Heck, der Bug, die Kojen, die Aufbauten. Und im Laufe der Jahre hat sich auch die Mastspitze gebogen, nach Steuerbord. Gewiß, das ist ein Schönheitsfehler, und er hat mich auch im Anfang etwas geniert. Aber längst bin ich darüber hinaus,

mich über Schönheitsfehler meines Bootes zu grämen. Ich kenne sie alle und liebe sie alle. Als ich die Tanja erwarb, waren wir beide genau 33 Jahre alt. Das ist für einen Junggesellen der Beginn, Schrullen anzusetzen. Ein Segelboot braucht höchstens 33 Tage, um seine Schrullen preiszugeben. Nach 33 Jahren machen sich nicht eigene Fehler bemerkbar, höchstens die Sünden seines Erbauers. Wenn nach 33 Jahren die Nähte noch nicht «auf» sind und das Totholz am Kiel noch nicht weich ist, dann kann der Bootsbauer stolz sein.

Ein Sternchen über der Kimm

Die Auspizien unserer Verbindung schienen mir die besten. Aber im Leben kommen Gefahren unverhofft und aus unerwarteter Richtung. Die Gefahr für mein Seglerglück schaute mich eines Tages aus zwei hellblauen Augen und unter langen blonden Wimpern an, ohne sich allerdings als Gefahr zu erkennen zu geben. Haar und Augenfarbe, auch die Kieler Wiege konnten die Nichtseglerin jedoch nur kurze Zeit verbergen. So wählte ich klopfenden Herzens ein sonniges Wochenende mit einer knappen Windstärke, um zum Lokaltermin einzuladen. Friedlich und nichtsahnend lag die Tanja zwischen ihren Pfählen und blitzte uns mit der frischlackierten Bordwand freudig an. Auf allen Booten herrschte geschäftiges Hin und Her. Die warme Junisonne lockte zum Aufbruch. Ebenso graziös wie unsportlich stelzte meine Gefahr an Deck und tastete sich balance- und haltsuchend an den Aufbauten entlang ins Cockpit. Die Tanja hatte sich unter dem leichten Gewicht überhaupt nicht gerührt. Sie nahm den Gast praktisch nicht zur Kenntnis. Mit um so größerer Spannung erwartete ich die ersten Äußerungen der Überraschung, als wir in den Bauch der Tanja kletterten. Alles, was ich bisher nur aus praktischen, nützlichen oder raumsparenden Gründen übernommen oder neu eingerichtet hatte, bekam nun die jedem Segler widerstrebenden Prädikate: Süß, niedlich, entzückend. Ich hatte einem

Mädchen eine Puppenstube zum Spielen gegeben. Seine hausfraulichen Instinkte erwachten augenblicklich und eine eifersüchtige Inbesitznahme aller Gegenstände unter Deck fand statt. Die stelzfüßige Landratte verwandelte sich vor meinen verdutzten Augen zu einer patenten Hausfrau, die unter Deck die Macht übernahm. Mir blieb reichlich Muße, mich an Deck mit dem mir verbliebenen Rest der Tanja zu befassen und mich der Hoffnung hinzugeben, daß vielleicht ein Stern an meinem Seglerhimmel aufgegangen sei.

Aber ich machte die Rechnung ohne den Wirt. Ein Segelboot hat hundert Möglichkeiten, Nichtseglern den Aufenthalt an Bord zu erschweren und zu verleiden. Da gibt es Metallbeschläge an Deck, die sich einem großen Zeh in den Weg stellen, einen Baum, der mit einem Hinterkopf musikalische Bekanntschaft schließt, Festmacher, die nasse, grüne Algen an weißen Hosen abstreifen, lose Schoten, die fesche Mützen über Bord fegen und vieles mehr.

Die Tanja suchte sich etwas anderes aus. Sie wollte aufs Ganze gehen. Sie wollte die Kraftprobe mit meinen Nerven und mit dem Humor meines eben aufgegangenen Sternchens, das jetzt mit übergeschlagenen Beinen im Cockpit saß und auf die Schönheiten des Segelns wartete, von denen ich geschwärmt hatte. Segel und Schoten waren angeschlagen, die Festmacher auf Slip genommen. Die Fahrt konnte losgehen. Wegen des ungünstigen Windes mußte ich den Motor zu Hilfe nehmen, um aus dem Hafen zu kommen. Tief unten in ihrem Bauch beherbergt die Tanja ein 25 Jahre altes Ungetüm schwedischer Herkunft. Es ist ihr schwächster Punkt und meiner leider auch. Wie einen Fehdehandschuh nahm ich, vor dem Motor kniend, Aufstellung und den öligen Lederhandschuh zur Bedienung der Anlasserkurbel auf. Ich hatte von Explosionsmotoren keine Ahnung und verharrte jedesmal eine Minute in scheuer Ehrfurcht, wenn ich den Koloß in Gang gebracht hatte und sein Knattern meine Ohren betäubte. Schon als mir mein Vorgänger seinen Mechanismus erklärte, flößte mir das Ungetüm Grausen ein, und ich erwog ernsthaft, einen kleinen neuen

Motor einzubauen. Aber alle befragten Fachleute beschworen mich, ihn zu behalten. Er sei unverwüstlich und nicht tot zu kriegen. Meine einzige Sorge bestand nun darin, ihn zum Leben zu erwecken. Und das wollte nicht gelingen. Ich kurbelte und kurbelte, aber das Ungetüm hüllte sich in Schweigen. Ich verstellte Luftklappen, Shoker, Frühzündung, Kühlwasserhahn, Gaspedal und Kupplungshebel. Außer einer gelegentlichen schwachen Fehlzündung rührte sich nichts. Hatte ich zunächst noch freundlichen Nachbarn stolz abgewinkt, die uns rausschleppen wollten, wäre ich nun liebend gern auf solchen Vorschlag eingegangen. Aber weit und breit ließ sich kein startbereiter Segler mehr sehen. Der Schweiß perlte mir von der Stirn. Arme und Gesicht von schwarzem Öl verschmiert, wünschte ich, ich wäre allein. Aber über mir leuchtete mein Sternchen auf meine Blamage, und ich erwartete jeden Augenblick eine ironische Bemerkung. Stattdessen erfolgte mitten in mein erschöpftes Schweigen hinein die Frage, warum wir denn nicht aus dem Hafen *segeln* könnten.

Ich schluckte, richtete meine Blicke den Himmel und begann einen theoretischen Vortrag, warum man nicht geradeaus gegen den Wind segeln könnte und wenn es sich auch nur um 200 m handelte. Leider sei nicht nur der Motor gegen uns, sondern auch der Wind usw., plapperte ich ohne Hoffnung, begriffen zu werden, und schaute zum Stander, als ich jäh meinen Vortrag unterbrach, wie von der Tarantel gestochen aus dem Niedergang schoß und mit den Worten «es geht tatsächlich» zum Mast lief, um die Segel zu setzen.

Eine Viertelstunde später glitten wir leise und ganz hoch am Wind zwischen den Pfählen hindurch aufs freie Wasser. Während ich mich unten wie ein Sträfling abrackerte, hatte der Wind gerade so viel gedreht, daß wir die Hafenausfahrt anliegen konnten. Die Laune war gerettet. Nicht mehr gerettet werden konnte hingegen mein Nimbus als Segler. Zahllose Beteuerungen, theoretische Erklärungen, Aufrufungen von Zeugen vermochten mein Sternchen nicht davon abzubringen, daß sie es schließlich gewesen war, die zu segeln vorschlug. Als ich merkte, daß ich mit logischen Argumenten nicht zum Zuge kam, drehte ich den Spieß um. Bei an Bord sich entwickelnden Fachgesprächen lasse ich nun Logik aus dem Spiel. Hauptsache, die Tanja muß am Ende dorthin fahren, wohin ich sie haben will. Das Weib ist ein Feind der Logik. Und wer segeln will, lasse entweder das Weib zu Hause oder die Logik. Ich entschied mich für das Weib.

Meine Frau wird meine Frau und die Tanja ihr Hilfskreuzer

Glücklich und harmonisch kreuzten wir mit der Tanja durch den Sommer. Keine Wolke trübte den Himmel der Zukunft. Neue Gefahren – ob braun oder schwarz – blieben aus. Ja, ich sah mich in ungewohnter Weise zweifach umworben. Die Tanja heischte jederzeit dankbar Pflege und Erneuerung, das «Sternchen» Liebe und Zärtlichkeiten. Meistens ließ sich beides miteinander verbinden, allerdings stellte sich das erste meist kostspieliger als das zweite. Das Schmunzeln verging mir, als ich merkte, daß ich nicht der einzige war, der diesen Vergleich insgeheim anstellte.

Während die Tanja im Herbst trocken und von oben herab diverse finanzielle Ansprüche anmeldete, steuerte ich den auch nicht gerade spesenarmen Hafen der Ehe an. Diesen einen Stern zu besitzen, bedeutete mir den Himmel auf Erden. Sein Licht strahlte dann auch ziemlich indiskret in alle finsteren Ecken meiner Seele, also auch in meine tendenziöse Buchführung. Konnte ich schwören, daß ich meine Frau mehr liebe als die Tanja? Die größeren Summen, die ich für die Tanja ausgab, redeten ihre eigene taktlose Sprache.

Das kluge Weib ist tolerant und diplomatisch. Meine Frau wußte, daß ich von Ausgabe zu Ausgabe mehr an der Tanja hing, welche Attraktivität sie selbst vorerst nicht zu erreichen hoffen konnte. So sah sie stets die Notwendigkeit jener Ausgaben ein und brachte jedesmal auch ihr eigenes Schiffchen ins

Trockene. Neue Bezüge für die Messe zeitigten neue Schuhe, ein neuer Primuskocher einen neuen Hut, ein neues W. C. einen Parfümerieeinkauf. Ja, ich hatte manchmal den Eindruck, daß meine Frau auf ihrem Sektor schon für Monate in dieser Weise vorplante. Die Tanja erfüllte denn auch ihr Soll und wuchs auf diese produktive Weise ebenfalls meiner Frau mehr und mehr ans Herz.

Niemand kann einen eingefleischten Segler davon überzeugen, daß es etwas Schöneres gäbe als eine Segelreise. Eine Hochzeitsreise ist jedoch auch in meinen auf See gerichteten Augen etwas Besonderes. Um sie auf einem Segelboot zu verbringen, muß eine Frau zahlreicher reizvoller Attribute entsagen und ihr höchstes Ziel darin erblicken, Kamerad zu sein und niemals männlicher Hilfe bedürftig. Sie muß zur Amazone werden, die mit struppiger Mähne jede Decksarbeit verrichtet, sich den Mast hochzerren läßt, um Fallen zu klarieren, und nasse Schoten aus der bloßen Hand fährt. Ihr geht jedoch häufig das verloren, was mir meine Frau gerade teuer macht. Ich liebe ihr bestimmtes Vertrauen, gerade weil es meiner Verantwortung einen Sinn gibt. Ich liebe ihre widersprüchliche Phantasie, weil sie den stimulierenden Kontrapunkt zu meiner langweiligen männlichen Logik bildet.

Dennoch schloß ich einen Kuhhandel mit ihr. Bot ihr – was ich mir längst schon gewährt – vierzehn Apriltage in einem Hotel am Tiber und forderte vierzehn Augusttage auf der Tanja.

Aber mein Sternchen durchstrahlte mich, merkte, wie leicht mir das Angebot fiel. So steigerte ich es mit der Aussicht auf ein römisches Herbstkostüm. Diesem Angebot folgte das Aufgebot. Die Tanja bekam eine Frau Skipper.

Eine Crew mit beschränkter Haftung

Das Standesamt hatte dem Skipper der Tanja als Heuerstelle vorzügliche Dienste geleistet. Leider lag es in Kiel. Hätte es sich im Orient befunden, so ließe sich die Mannschaftsliste auf die gleiche Art beliebig verlängern. Nun, als monogamer Europäer mußte ich andere Wege beschreiten, um sogenanntes «niederes Schiffsvolk» für die Kojen 3 und 4 anzuheuern.

Der ideale Mitsegler ist seefest, trinkfest und handfest. Er beherrscht jede Decksarbeit. Jeder Handgriff erfolgt im richtigen Augenblick. Nicht zu früh, nicht zu spät. Der ideale Mitsegler läßt die Vorsegel nie aus den Augen und ist ständig bereit, auch komplizierte Korrekturen der Segelstellung auszuführen. Er beherrscht die Mechanismen sämtlicher Bootsmotoren, Lenzpumpen, Kochherde und Pump-W. C.s. Er befindet sich stets dort, wo er gebraucht wird. Er zeigt sich gesprächig, wenn Unterhaltung gewünscht wird. Er kann stundenlang zuhören und ebensolange nachdenklich schweigen. Er hat nur einen einzigen Fehler: Es gibt ihn nicht.

Wer also Mitsegler braucht, sei sich von vornherein darüber klar, auf welche Eigenschaften er bei diesen kostbarsten aller Zeitgenossen verzichten mag und welche unumgänglich scheinen.

Als wir von unserer Hochzeitsreise zurückkamen, machten wir zwei Entdeckungen. Unser Portemonnaie war leer, die Flitterwochen aber noch keineswegs zu Ende. Wollten wir während der Segelreise noch ungezwungen weiterflittern, so mußten wir ein anderes ähnlich gestimmtes Paar finden. Ein junges Ehepaar, das sich gleich uns noch so intensiv mit einander beschäftigt, um uns gegenüber die gebotene Toleranz aufzubringen. An unserer Toleranz sollte es nicht fehlen. Nachdem wir an den größten Teil der oben geschilderten Eigenschaften zugunsten jungen ehelichen Glücks verzichtet hatten, fanden wir genau das Paar, das die Musterrolle der Tanja auf die angenehmste Art komplettierte.

Jochen, groß und schlank, mit schmalem Kopf, hoher Stirn und goldgefaßter Brille, ein rechter Gelehrtentyp. Ihm war jener beneidenswerte gewisse Grad von Weichheit eigen, der Frauen jeden Alters magnetisch anzieht. Sie sehen einen Mann, der Hilfe braucht, ihre Hilfe natürlich. Dabei ist es in den seltensten Fällen Hilfe, die hier not tut. Aber sie wird auch gar nicht gegeben. Gegeben wird Verwöhnung. Und welcher Mann ließe sich nicht gern verwöhnen von einer Frau. Auch Jochen machte keine Ausnahme. In seiner freundlichen Gelassenheit und seiner offenherzigen Aufmerksamkeit besaß Jochen ein natürliches Kapital: jedermann war ihm auf den ersten Blick gewogen. Auch uns ging es nicht anders.

Als ich ihn sah, begriff ich den Ruf, der ihm vorausgeeilt war, Liebling unzähliger Familien zwischen Skagen und Bornholm zu sein, Gegenden, in denen er seit frühester Kindheit seine Ferien zu verbringen pflegte. Jochen war ein dankbares Objekt einer im Verborgenen blühenden dänischen Deutschfreundlichkeit. Er hatte die Sprache seiner Freunde gelernt, ja, er sprach sie wie seine Muttersprache – und sogar ohne Stimmbänder, Zunge und Kehlkopf zu beschädigen. Jochen war unser Mann!

Silke, erst seit einem knappen Jahr Jochens zärtliches Weib, blieb auch jetzt noch und unvermindert behütete Tochter sorgender Eltern. Nur langsam vollzog sich in ihr der Wandel vom Umsorgtwerden zum eigenen Umsorgen. Trotz ihrer flinken braunen Augen, eines zuweilen schelmischen Blickes und eines sporadischen Redetemperamentes neigte Silke dazu, die Dinge an sich herankommen zu lassen. Auch die Segelpläne wollten reifen. Eine Probefahrt mit der Tanja brachte keine Entscheidung. Auch eine Wiederholung ließ noch alles offen. Erst der um einen schweren Hausatlas gruppierte Familienrat gab den Ausschlag. Die von mir in Aussicht genommenen Häfen und Inseln wurden auf der Doppelseite «Südskandinavien» vom geographisch präparierten Papa sondiert und die Distanzen mit Lineal und Zirkel gemessen. Es ergab sich, daß die in Augenschein genommenen Reviere der Tanja auf ihrer Fahrt genügend Landschutz gewähren würden.

Einzig während der Überfahrt über die westliche Ostsee standen weder Inseln noch Häfen zur Verfügung, die innerhalb Stundenfrist erreichbar wären. Ein salomonischer Kompromiß wurde erzielt: Silke durfte mit. Mir wurde das Versprechen abverlangt, niemals nachts zu segeln, das heißt, bei Anbruch der Dunkelheit einen Hafen anzulaufen. Ohne Rückfrage, wo ich gegebenenfalls einen Hafen hernehmen solle, wenn weder auf Atlas noch auf Seekarte einer verzeichnet sei, versprach ich mein Bestes. Setzte allerdings hinzu, daß in unseren Regionen meist jene Segler von der Dunkelheit überrascht zu werden pflegen, die am Morgen nicht früh aus den Federn gefunden hätten. Silke und Jochen versprachen – wenn auch zögernd – frühes Aufstehen.

Die Crew war komplett.

Travemünder Idylle

Wie eine Keule schiebt sich ein böschungbewehrter und künstlich bepflanzter Schwemmsand quer vor die Mündung der Trave, dort wo einst eiszeitliche Transgressionen eine breite Förde zwischen den Steinriffs von Brodten und Dassow ausgewaschen hatten. Schon die Slawen kannten diesen Strandwall und nannten ihn «Perewolka», eine Stelle, wo man die Boote hinüberschleppen mußte. Den heutigen Priwall nahm Lübeck, die Königin der Ostsee, bereits im 13. Jahrhundert in Besitz. Fast 100 Jahre vor Travemünde. Das lateinische Übereignungsdekret des 2. Friedrich ließ sich in der Tat schneller und billiger aus Palermo herbeischaffen, als man den gräflichen holsteinischen Nachbarn zur Aufgabe seiner befestigten Kontrollstation Travemünde bewegen konnte.

Die lübschen Herren pflegten die Schlagader ihres Handels sehr gewissenhaft, schützten sie vor Versandung, versahen sie mit Leuchttürmen, Staks und Seezeichen. Verwundbar blieb sie an ihrer Mündung. Lübecks mächtiger Kontrahent, der

Dänenkönig Waldemar II., versenkte in einem Handstreich steinbeladene Schiffe in der Travemündung. Die Blockierung führte zum Infarkt. Schwemmsand wird sich um die Kähne gebildet und ihre Bergung erschwert haben, denn nur so läßt sich die Umleitung erklären, die die Lübecker sich in Eile gruben. Der Nehrungshals wurde an seiner schmalsten Stelle durchstoßen. 50 Jahre lang war der Priwall eine Insel.
Abgedrängt vom eigenen Schwemmsand schmiegt sich die Trave eng an das westliche Ufer, dessen Mergelplatte langsam bis zum 22 m hohen Brodtener Ufer schanzenartig ansteigt. Bahn und Straße folgen eng beieinander der letzten Windung

des Flusses und gewähren dem Ankömmling aus dem Süden malerische Aussicht auf seine letzte und schönste Meile, die idyllische Zeile des Hafens. Alles drängt sich in munterem Wechsel aneinander. Die Docks und die Krähne, der Mastenwald der Fischer und Segler, Speicher und Läden, Menschen und Autos. Eine wahrhaft amphibische Versammlung. Alles überragt von den gewaltigen Masten der «Passat». Auch ohne den Schmuck ihrer Segel noch ein Turm, so verdichten sich Masten, Rahen, Schoten und Wanten in der Entfernung: uns heute von zweifacher Bedeutung. Genau an der Stelle, wo der verstummte Riese mit eisernen Ketten angeschmiedet wurde an die zyklopische Mauer, brachten wir unsere Wagen zum Stehen, um uns mit Sack und Pack einzuschiffen in die geduldige Tanja. Winzig schien uns die Weiße neben dem von algenbärtigen Ketten umschlossenen schwarzen Riesenleib der Passat. 12 m über uns auf dem Achterdeck tummelten sich die Schiffsjungen, sangen und feuerten sich gegenseitig zu Kopfsprüngen an, stießen von der Reling hinab zwischen den Ketten hindurch in die Tiefe, um Sekunden später prustend und mit kräftigen Schlägen der Arme wieder aufzutauchen, emporgestoßen durch einen Strom mit in die Tiefe gerissener Luftblasen. Der Weg in die Höhe, das Aufentern in die Wanten, das Reiten auf den Rahen, das Balancieren auf den Peerden ist ihnen streng verwehrt. So bleibt den angehenden Männern nur der Sprung in den einst für U-Boote auf 40 m Tiefe ausgebaggerten Hafen als Demonstration ihres Mutes vor Kameraden und kichernden Mädchen.

Bei uns ging's derweil ans Stauen. Decken, Garderobe, Kisten und Tüten türmten sich chaotisch vorn und zu seiten des Mastes. Die Damen sorgten sich, ob denn auch alles seinen Platz fände und auch für uns noch Durchlaß bliebe von vorn nach achtern. Ich kroch bäuchlings in die Bilge meines Schiffes und pflasterte Planke für Planke mit Dosen und Flaschen, kroch Wrange um Wrange nach vorn. Willig schluckte die Tanja Mockturtle, Sherry, Ketchup und Chicken. Noch hatte ich den zähen Berg der Ankerkette nicht erreicht, da geboten die Da-

men mir Einhalt. Sie hätten nun Luft, und den Rest besorgten
sie selber. Wir wären da höchstens im Wege.

Nicht nur die Ankunft von See her versetzt den Seemann in
ein Fieber. Der Aufbruch tut's auch. Rückt der Zeitpunkt heran, Reede oder Pier zu verlassen, so juckt es der Crew in den
Fingern, die Taue von Ring oder Pfahl zu lösen, an der An-
kerwinsch zu drehen, den Anker aus dem Grund zu brechen.
Ach, wir wünschten uns sofortigen Aufbruch. Aber der un-
wirsche Himmel und Windstärken um 8 zwangen zum Warten. Auch war der Tag schon weit vorgeschritten. So verbrachten wir seinen Rest mit gegenseitigem Trost, daß es aus vieler-
lei Gründen besser sei zu warten, während jeder von uns sich
insgeheim wünschte, wir wären auf See.

Auch am nächsten Tage wehte es zwar noch kräftig aus Westen, aber die Sonne brach durch die Wolken, und der Himmel
versprach Beruhigung. Uns hielt es nicht länger im Schatten
des Riesen. Schnell los die Leinen und mit der Maschine zur
Luvseite der «Passat», wo ein Zöllner unsere Transitwaren
prüfte und sich der kleinen Plomben versicherte. Frei zum
Verbrauch die provisorisch gestapelten Kisten voller Herr-
lichkeiten, die wir mit Liebe zum eignen Gaumen ausgesucht
hatten. Aber jetzt – wollte sie niemand. Uns lockte die Ferne.
Vor uns die offenen Priwall-Fähren pflügten wie Gondeln
eines Wasserkarussells Halbkreis um Halbkreis. Nun, wie an
jedem Morgen, auf dem südlichen tief ins Wasser geduckt von
100 ungeduldigen Badegästen. Auf der nördlichen leer und
schneller, der schon abgezählt wartenden Menge entgegen.
Während gerade an jedem Steg eine Fähre unter den Tritten
und Püffen der Ein- oder Aussteigenden unruhig schwankte,
glitt die Tanja aus der Trave hinaus.

Wie Schwingen eines Vogels flankieren zwei weiße Sicheln
die Mündung der Trave, Kurstrand und Volksstrand. Der eine
umrahmt von Parks und Palästen, der andere mühsam einge-
deicht von einer mit Holz-, Stahl- und Steingattern befestigten Laubenkolonie. Ihre Zeile behauptet sich energisch dicht
hinter dem von hunderttausend nackten Füssen zerstampften

Sandland bis nah an jenen rostigen Draht, hinter dem nur noch Stiefel Spuren in den Boden zeichnen. Sie gehören todernsten Soldaten, die 200 m Landgrenze bewachen. Ihr Strand, der nun kommt, ist leer, so weit das Auge reicht. Nur Möven, Krickenten und Schwäne tummeln sich im seichten Wasser. Sie lassen sich nicht stören von den feldgrauen Uniformen mit den griffbereit umgegürteten Schnellfeuergewehren. So gehört ihnen in Wahrheit der Niemandsstrand.

Wir brachten die Tanja auf NNO-Kurs. Hinter der Steilküste von Brodten erwartete uns ein steifer Nordwestwind. Gelassen neigte sich der Mast unter dem Druck des vorsorglich gerefften Segels. Wir saßen im Cockpit. Unsere Blicke wanderten über den Horizont. Die Neustädter Bucht hatte ihr ganzes Panorama vor uns ausgebreitet, den immer dunkelgrünen Waldrücken der Kammer, den Turm von Neustadts St. Franziskus, Pelzerhakens «Siegfried», letzter Zeuge einer jener sinnlosen Tragödien des vergangenen Krieges: die Versenkung der mit KZ-Häftlingen vollgepferchten «Cap Arkona».

Das Brodtener Hochufer begann Travemündes Strandpaläste zu verdecken und sank zugleich langsam zurück in das flache Südrund der Bucht. Höchste Zeit für den ersten Sherry. Meine Crew war jedoch noch zu gebannt von der sich vor uns auftuenden einsamen Arena des Meeres, der wir uns nun mit der kleinen Tanja anheimgegeben hatten. Keiner von ihnen mochte den Blick abwenden vom endlosen Spiel weißköpfiger Wellen und von den silbrigen Reflexen der Sonne. So blieb mir nichts anderes übrig, als mit gutem Beispiel voranzugehen und den Sherry selbst zu holen. Dieser Augenblick der Freiheit, in dem sich das Reisefieber und monatelange Sehnsucht verwandeln in eine gelassene Freude auf die Ferne, verlangte einen besonderen Trinkspruch:

Etroits sont les vaisseaux, étroite notre couche.
Immense l'étendue des eaux, plus vaste notre empire
Aux chambres closes du désir.

Eng sind die Schiffe, eng unser Lager.
Unabsehbar die Erstreckung der Wasser,
unermeßlich unser Reich
in den verschlossenen Kammern der Sehnsucht.

Wer hätte je so knapp und so empfindsam zugleich die extreme Wechselbeziehung besungen, die sich in diesem Augenblick der Freiheit offenbart, als Saint John Perse, der große Magier aus den Antillen?
Auch unsere Gedanken wanderten in die Ferne, kehrten zurück an Bord, um wiederum auszuschwärmen auf willkürlichen Pfaden. Aber jede Rückkehr erfolgte beglückter, sicherer und für eine längere Spanne Zeit. Mit der Entfernung von der Küste wuchs unsere Vertrautheit mit unserem Schiff. Klingt es vermessen, eine kleine seegehende Yacht schon als Schiff anzusprechen? Ich glaube nicht. Wie jeder große Pott ist auch eine kleine Yacht nach bestimmten Gesetzen der Kraft, der Strömung und dem archimedischen Prinzip konstruiert. Sie ist den gleichen Gewalten des Windes und des Meeres unterworfen. Den Wellen ein Spielball, ist sie der Besatzung ein schützendes Zuhause. Darüberhinaus bedeutet die Tanja für uns nun den Mittelpunkt der Welt: Wo immer wir sein werden, in Sturm oder Flaute, sie bleibt das Zentrum unseres Denkens und Tuns, von dem aus alles unternommen wird und zu dem alles zurückführt. Zwischen Bug und Heck baut uns die See eine Art magnetisches Feld auf. Unter seinem Einfluß muß die Mannschaft kommunizieren und wird sich im gleichen Maße absetzen gegen die Außenwelt. Es entsteht ein Geist der Gemeinschaft, es entsteht die Crew. Nicht Anglophilie übernahm das Wort in unseren Sprachschatz, sondern einfach das Fehlen eines solchen deutschen Wortes, das Disziplin und Zusammengehörigkeit einer Menschengruppe so präzise beinhaltet.

Kleine Säule des Herkules

Wir passierten Dahmeshöft um 14 Uhr. Der Wind frischte weiter auf, und der Himmel versprach nichts Gutes. Kurz und grob stand die See vor dem Bug der Tanja. Die Segel preßten ihre Leeseite tief in das graue Wasser. Der rot-weiße laubumstandene Turm von Dahmeshöft starrte mit seinem zu dünnen Prismenkopf unwirsch zu uns hinüber, so als hätte er noch etwas in petto. In langen Jahren und auch bei strahlendem Wetter habe ich ihn nie anders als unwirsch erlebt. Er scheint sich über irgendwas zu ärgern. Sind es die Bäume, die ihn daran hindern, nach allen Seiten sich in ganzer Positur zu zeigen? Ist es das ungeschliffene Camping-Völkchen, das ihn zum Flutlichtspender bei nächtlichem Vergnügen degradiert? Sind es die Steinfischer, die das Riff zu seinen Füßen mit der Emsigkeit von Ameisen entsteinten? Ich weiß es nicht. Ich weiß nur, daß es die Segler sind, an denen er seinen Ärger abreagiert. Immer dann, wenn ein armer Segler sich mühsam an die Huk herangeknüppelt hat und nun auf einen raumen Schlag hofft, gibt er dem Wind Bescheid, sich ein wenig und in einer für den Segler ungünstigen Richtung um ihn zu drehen. Und lange nimmt er sich Zeit, dem armen Skipper schadenfroh hinterherzuschauen.

Hier – im Anblick der sich weitenden See erschien mir der Turm auch heute wieder als eine kleine Säule des Herkules, als eine Pforte an der Peripherie sonntäglicher Ausflugsgefilde. Den Weg in die Ferne offenbarend und dem Segler bedeutend, daß die freie See hier begänne. Wer also zur Nacht sein Schiff wieder am selben Pfahl vertäuen will, von dem er es am Morgen losgelöst hatte, muß sein Ruder spätestens jetzt auf Gegenkurs legen.

In der Höhe von Dahme verliert man die Küste Mecklenburgs aus den Augen. Auch im Süden hat sich die gekrümmte, ewig putzsüchtige Scheibe des Meeres der letzten Wald- und Höhenstreifen entledigt. Einen weiten Bogen beschreibt die leergefegte Kimm um den Leuchtturm. Kimm nennen wir den feinen Strich, auf dem sich Himmel und Meer zu berühren scheinen. Und wenn ihr Kreis sich geschlossen hat, ist sie sicher die vollkommenste Linie der Welt. Diesen Anblick hat der Seemann ausschließlich gepachtet. Nur er steht im Mittelpunkt dieses Kreises, der ihn über alle Meere begleitet. Nur er kennt die Magie dieser Grenzlinie zwischen Sichtbarem und Unsichtbarem.

Am Fuße des Leuchtturmes von Dahmeshöft muß der Seewärtsschauende mit etwas weniger zufrieden sein. Immerhin beeindruckte die Kimm an diesem Ufer einen Küstenwanderer und eigenwilligen Poeten. Helmut Heissenbüttel schlenderte hier zwischen Seetang und Windschutzscheiben hin und her und sammelt mit gewohnter Akribie fremde Eindrücke und eigene Assoziationen in seinen bunten Blecheimer, um sie abends zu Hause zu rechteckigen poetischen Gehegen zu verzahnen. (‹Autobus Neustadt-Dahme›.)

Sturm unerwünscht

Meine Hoffnung auf eine Beruhigung der See unter der Oldenburgischen Küste trog. Im Abstand von zwei sm segelten wir parallel zum Ufer nach Norden. Die Wellen hatten mehr Platz, sich zu entwickeln, als unseren Damen lieb war. Silke brach das Schweigen mit der resoluten Frage, wieviele Windstärken es denn nun seien. Ich beharrte auf vieren. Aber längst trugen alle Wellen Schaumköpfe, und der Wind fegte die Gischt von ihren Kronen und strafte mich Lügen. Und immer häufiger zogen steile Bugspritzer einen nassen Vorhang über das Deck, machten Ölzeuge glänzen und die Lippen salzig. Auch sie ziehen mich der Tiefstapelei. Allein die Zahl Vier, fest und gelassen verkündet, bewirkte die erhoffte Beruhigung der Crew. Offenbar zu ihrer eigenen Entlastung richtete Silke jedoch noch eine ernste Warnung an mich, so als sei ich Programmdirektor: «Sechs Windstärken möchte ich nicht erleben!» Ein Windmesser befand sich nicht an Bord. Er hätte

Silke angezeigt, daß sie schon seit einer geraumen Weile sechs Windstärken erlebte.

Einzig mein Weib durchschaute meine gutgemeinte Untertreibung, denn ihre Blicke trafen mich von nun an noch seltener und noch vorwurfsvoller. «Warum habe ich nur ausgerechnet einen Segler heiraten müssen», fragte sie sich (wie sie mir später gestand) und kämpfte mit dem Magen einen ungleichen Kampf. Schließlich schaute sie nur nach vorn, wo die «Insel der Seligen», Fehmarn, auftauchen sollte. Und nur um mir gelegentlich einen Vorwurf zu machen, weil wir Fehmarn noch nicht sahen, sprach sie noch mit mir, wobei ihr ölzeugverschnürter Kopf nur noch eine knappe Drehung in meine Richtung machte. Sie überließ es dem Wind, ihre Worte zu mir zu wehen.

Fehmarn begrüßte aus dem Süden kommende Schiffe jahrtausendelang zuerst mit seiner höchsten Erhebung, dem 26 m hohen Hinrichsberg. 1963 hat die Sundbrücke ihm den Rang abgelaufen. Ihr 69 m hoher Bogen ist fast 10 sm weiter sichtbar. Wir raumten ein wenig und hielten direkt auf die Mitte zwischen Berg und Brücke. Genau recht voraus stieß bald darauf ein schmaler Klotz über die Kimm, jedesmal wenn ein Wellenberg die Tanja anhob: der sogenannte «Cöllner Dom», das Silo von Burgstaken. Seine Verbindung von Häßlichkeit und Disproportion überbietet in meinen Augen alles, was sich umschlagbedürftige Häfen zwischen Holtenau und Hälsingborg an einschlägigen Bauten haben gefallen lassen müssen. Nie hatte ich je ein gutes Wort für dieses Monstrum gefunden. Heute jedoch präsentierte ich es meiner Crew als lockendes Ziel.

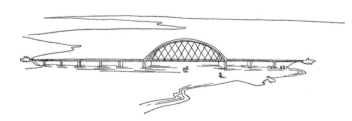

Jochen wird Froschmann

Mit raumem Winde näherten wir uns der alten Reede von Burgtiefe. Der Bug der Tanja pflügte die graue See desto energischer, je mehr sich die Wellen im Schutze der Insel glätteten. Schon erkannten wir den ausgedienten roten Rettungsschuppen, die niedrigen Strandcafés und die Durchfahrt in den Burger See. Das flache trügerische Binnengewässer wartete uns jedoch mit einem unverhofften seglerischen Leckerbissen auf: der schöne kräftige Wind, der uns jetzt so eifrig zur Ansteuerungstonne fegte, kam genau aus der Richtung der schmalen Durchfahrt. Die Zeit reichte nicht mehr, meiner Crew zu erklären, warum es nun mit dem schnellen Geradeaussegeln ein Ende hätte. Das Ziel so handgreiflich vor Augen, hätte keiner von ihnen sich auf meine Theorie eingelassen. Die Situation erforderte von mir als Skipper eine schnelle Entscheidung und von mir als Maschinisten einen Kniefall vor dem Motor. Das langwierige Kreuzen mit einer ungeübten Crew wollte ich mir und der Tanja ersparen. Meine Gefühle, wenn ich mich entschlossen habe, den Motor anzukurbeln, sind immer die gleichen und etwa denen eines schlechten Schülers ähnlich, wenn es Zeugnisse gibt. So habe ich mich daran gewöhnt, sie für mich zu behalten, wenn ich – wie jetzt – Pinne mit Kurbel vertauschen mußte. Aber der Motor sprang alsbald polternd an, und ich bereitete mich schon auf eine triumphale Rehabilitierung als Skipper vor, als die Mitteilung mich wie ein Keulenschlag niederschmetterte: «Kein Kühlwasser!» Prompt kam der alte Schwede in Hitze, doch nun war nicht mehr Zeit, den Infarkt seiner Pumpe zu suchen. Ich stellte ihn ab. In seine letzten Uffs mischten sich die befürchteten Kommentare meiner Frau: Sie hätte es gleich gewußt! und: Es sei immer dasselbe! Schweigend und mit gekrümmtem Rücken ließ ich diese Breitseite über mich hinwegfegen. Dann enterte ich das Deck und begann im Zeitraffertempo einen theoretischen Unterricht im Kreuzen. Zehn Minuten später rundeten wir die Ansteuerungstonne, und es hieß, das Gelernte oder besser das Gehörte in die Praxis umzusetzen.

Nach langen Stunden der Passivität kam nun Leben ins Cockpit. Das anfängliche Wooling von Armen, Beinen und Schoten löste sich in dem gleichen Maße auf, wie meine «hands» merkten, worauf es ankam, wann es galt zuzupacken und wann es galt loszulassen. Der richtige Moment eines Handgriffs an Deck spart der Mannschaft Zeit und Kraft und – Nerven des Skippers. Die plötzliche Arbeit hob unsere Stimmung sofort, und fröhlich tummelten wir uns im Rhythmus meiner Wendekommandos, die ich unter strenger Kontrolle meiner Frau zwar nie früh genug gab. Aber so konnten wir nach zwanzig Wenden schon die lange Gerade anpeilen, die direkt in den Hafen führt. Mit zwei oder drei langen Steuerbordanschlägen, so berechnete ich zuversichtlich, würden wir dort sein. Die glatte Oberfläche des Burger Sees ließ uns die rauhe Ostsee schnell vergessen. Auch dem verstummten Motor trauerten wir nicht mehr nach. Jetzt galt es für die Damen, sich mit Fendern zu wappnen, und für Jochen, die Fallen zu lockern und die Festmacher in großen Buchten vorn und achtern aufzuschießen. Was konnte uns noch passieren? Die nautischen Probleme schienen gelöst. Die Einfahrt in den Hafen war nur noch eine Frage der Eleganz. Noch eine letzte Wende zwischen den vier hölzernen Dalben vor dem Hafentor. Hier hätte ich schon zahlreiche Yachten auf Schiet sitzen sehen, deklamierte ich gerade und gab Steuerbord-Ruder, um auf das Hafentor zuzuhalten, da brach die Tanja ihre Drehbewegung ab und verharrte gelassen auf der Stelle, während die Segel über ihr nervös killten. Unser Kiel war in den Schlick geglitten wie ein heißes Messer in die Butter. So gefahrlos sich die neue Lage für die Tanja darstellte, so sehr fühlte ich mich als Schiffsführer blamiert. Um meine Ehre jedenfalls vor mir selbst wiederherzustellen, ermittelte ich schnell den Schiffsort als einwandfrei innerhalb der Fahrrinne gelegen. Die Schuld lag also beim Hafenbauamt und nicht bei mir! Ich behielt diese Weisheit natürlich für mich, da ich mit ihr jetzt schwerlich an Bord auf Gegenliebe gestoßen wäre, nahm stattdessen den langen Spinnakerbaum und stocherte im Schlick herum. Aber auch damit hatte ich kein Glück. Jochen schaute bedächtig in das braune aufgewühlte Brackwasser und gab plötzlich seine sanfte Reserve auf. Ihm kam eine Idee. Er wollte aussteigen und schieben. Um die Bedeutung dieses Entschlusses zu würdigen, mußte man wissen, daß Jochen – auch bei heißestem Wetter – noch nie von Bord eines Bootes gebadet hatte. Konnte ich ein solches Opfer annehmen? Mußte ich nicht vielmehr selber in die Tiefe? Wer aber würde dann die freigekommene Tanja führen? Silke verlor die Fassung. Nein, ihr Jochen sollte sich nicht in die Fluten stürzen! Erst nach der Demonstration mit dem Pekhaken, daß die Wassertiefe nur einen guten Meter betrage, und einem zärtlichen Abschiedskuß, entließ sie den spontanen Helden in das nasse Element. Bis zum Bauchnabel im Wasser, schwenkte Jochen den Bug der Tanja nun langsam hin und her. Ich drückte das plötzlich so schwerfällige Schiff mit dem Bootshaken nach achtern, und tatsächlich bewegte es sich langsam Zentimeter für Zentimeter, glitt unmerklich in tieferes Wasser und war frei. Husch, den Jochen an Deck gezogen, denn schon blähten sich wieder die Segel. Höchste Zeit für das «Re!», das mir vor langen Minuten im Halse stecken geblieben war. Dann erst durfte sich unser kühner Froschmann in das knallrote Badelaken hüllen, das Silke mit dem Enthusiasmus eines Capeadors um ihn herumschwenkte. Da Jochen aber immer wieder mit Arbeit an Vorschoten und Backstagen beschäftigt war, auch Vorbereitungen für das Landemanöver treffen mußte, gelang es Silke nur unvollkommen, ihre Frottierkünste anzuwenden. Aber seine Eigenwärme tat ein übriges, und so konnte ein durch Baden und Frottieren ungewöhnlich fitter Decksmann um 17 Uhr die Tanja an der Pier der Steinfischer vertäuen.

Ein Hafen für Zuschauer

Die historische Auffassung, Häfen und Hafeneinfahrten seien ausschließlich für Schiffe erfunden, erweist sich im Licht der Wirklichkeit als falsch. In weitaus größerem Maße dienen sie der Unterhaltung und der Sensationslust von Fußgängern, Radlern, Autofahrern, Einheimischen, Quittjes, Befugten und Unbefugten. In den Häfen der Welt bilden die Zuschauer auf Molen, Kais und Pontons immer die Mehrheit gegenüber dem aktiven Schiffsvolk. Sogar in einen kleinen Hafen wie Burgstaaken läuft man nicht ein, ohne die stille Aufsicht einer hinter Bulleyes, Gardinen und gelohten Netzen verborgenen Mehrheit. Je ungünstiger der Wind dem Hereinkommenden entgegenbläst, desto mehr Spaß macht das Zuschauen. So behielten auch wir – kaum daß die Tanja versorgt war – ein wachsames Auge auf See und Reede, und sobald sich ein weißes Segel zeigte, schlenderten wir auf die Außenpier, um die Manöver kritisch zu verfolgen. Einigen Booten gelang es leider mit Hilfsmotoren den Hafen ohne Zwischenfall zu erreichen. Aber unsere Ausdauer wurde bald belohnt durch eine weiße Yawl, die bereits kurz hinter der Mole auf Grund geriet. Ein lebhaftes Hin und Her an Deck deutete auf verschiedene Versuche frei zu kommen. Segel wurden geborgen und wieder gesetzt. Aber ohne Erfolg. Inzwischen betrachtete auch eine weniger schadenfrohe Crew die vergeblichen Anstrengungen der Yawl: Ludwig Schwenn und seine beiden Mannen auf dem Seenotrettungskreuzer «Hamburg».

Seenotkreuzer sind die einzigen nichtwindgetriebenen Wasserfahrzeuge, die wir Segler vorbehaltlos bewundern. Wir haben auch allen Grund dazu, denn viele Einsätze dieser unentwegten Wellenreiter gelten in Not geratenen Yachten. Die «Hamburg» ist das erklärte Schmuckstück des Hafens. Kein anderes Schiff, keine Villa, kein Kaufmannshaus kann es in weitem Umkreis mit der «Hamburg» aufnehmen. Tag für Tag glänzt sie wie ein Kriegsschiff, auf dem sich der Admiral angesagt hat. Ihr Bereich erstreckt sich von der Burger Reede weit hinaus über die Küsten Fehmarns und Holsteins. Nur vor der eigenen Tür pflegt sich Käpten Schwenn die Arbeit leichter zu machen.

Die Leute auf der Yawl bekamen ihr Schiff nicht flott. Der gewichtige Schwenn und sein Bestman jumpten in den Michel, das kleine offene Rennbeiboot, ließen sich damit über das schräge Heck der «Hamburg» ins Wasser gleiten und flitzten hinaus, um nach dem Rechten zu sehen. Wir hielten es für ausgeschlossen, daß die winzige Nußschale mit so geringer Wasserverdrängung den offensichtlich recht festgefahrenen Segler würde freischleppen können. Aber der erfahrene Lotsensohn wußte es besser, und das Problem der Wasserverdrängung lösten zwei mal zwei Zentner Lebendgewicht. Zwanzig Minuten später kam der «Michel» zurück, die Yawl auf dem Haken.

Burgstaakens Weg zum Seglerparadies

Ein wenig zurückgezogener residiert in seinem gepflegten Häuschen Hafenmeister Meier. Viele, auch regelmäßige Benutzer des Hafens bekommen den stattlichen Sechziger nur selten oder gar nicht zu Gesicht. Versteckspiele und Schnodderigkeiten zahlungsscheuer Sonntagsfahrer verleideten es dem ernsten Mann, am Wochenende mit seinem Quittungsblock reihum zu gehen. Der ehemalige Legionär frönt nur noch zweien Interessen, einem maritimen und einem politischen. Sie stehen in einer gewissen Wechselbeziehung zueinander, und so nimmt es auch niemand wunder, daß er beide sozusagen von der Backbordseite wahrnimmt. Sein Häuschen steht dort und seine Politik auch. Was das seit Jahrzehnten rechtsgesteuerte Festland für seinen Hafen übrig hatte, war wenig dazu angetan, ihn zu einem Seitenwechsel zu animieren. Vierzig Jahre lang ist die Fahrrinne nicht mehr ausgebaggert worden. Vor fünfundzwanzig Jahren wurde der Hafen noch einmal notdürftig gesäubert. Seitdem ließen alle Regierungen den unrentablen Port links liegen. Und die zuständige Burger Gemeinde zerbrach sich allein schon die Köpfe, woher sie das Geld für ein W. C. nehmen sollte. «Ein halber Düsenjäger würde genügen!», meinte Hafenmeister Meier mit einem dialektischen Unterton und blickte resigniert über sein Reich. «Dann könnten wir was machen. Nun bauen sie von der Genossenschaft eine Fischhalle. Mit Büros und Zentralheizung und so. Ja, W. C. auch!» Ein heizbares W. C.! Segler aus nah und fern, die ihr in Zukunft euren Bug nach Burgstaaken richtet, ihr segelt ungetrübten Stunden entgegen.

«Mariechen» und die Steenkerls

Burgstaaken ist Zentrum der Steinfischerei. Mehrere schwarze bullige Kutter dieses alten Gewerbes lagen dicht neben uns. An ihren Ladebäumen hingen gekehrte Taucheranzüge und drehten sich schwerfällig im Winde. Eine weithin sichtbare Abschreckung gegen romantiksüchtige Hafenbummler. Tief unten in ihren rostigen, schlammverkrusteten Bäuchen lagen muscheln- und algenüberzogene Klumpen: Steine. Aufgespürt von Tauchern auf dem Grund des Meeres, dort wo sie vor unvorstellbar langer Zeit die schmelzende Eisdecke auf dem Rückzug vor der Sonne abgeworfen hatte. Aufgeklaubt von mächtigen vierschenkeligen Kneifzangen warteten sie nun auf den Marschbefehl nach Travemünde. Aber zum Verdruß ihrer dadurch zur Untätigkeit verurteilten Transporteure war ihr neues Bett noch nicht gemacht. Die Faschinenflechter hinkten nach.
Unromantisch, spröde und hart ist die Arbeit der Steinfischer. Aber die Jugend will Geld verdienen, und das vermag sie hier schneller als mit Reuse und Netz. Ein gewandter Taucher kann auf einem ergiebigen Steingrund in zwei Tagewerken seinen Kutter bis zur Lademarke füllen. Dann heißt es Anker auf und schnell zum nächsten oder meistbietenden Abnehmer.

Zwei Jahre lang spielte die Bundesbahn als Bauherr des jüngsten deutschen Hafens Puttgarden diese Rolle. Jetzt war es wieder einmal Travemünde. Immer wird jemand in der steinarmen Landschaft Schleswig-Holsteins des amphibischen Baumaterials bedürfen.

Die Staakener Steinfischer verraten nicht gern ihren Verdienst. Bringt ein Kutter 4000.– DM in der Woche ein, so muß das für viele arbeitsfreie Wintertage mithalten. Manchmal bricht eine Zange ab oder die Schraube. Das kostet Geld. Aber auch Zeit. Eine Reparatur im Hafen wird von der ungeduldigen Mannschaft mit der Stoppuhr beobachtet, denn Liegezeit bedeutet Verdienstausfall. Das sind die ach so seltenen Augenblicke, wo auch eine bedächtige Bootswerft aus der Ruhe kommt.

Am Mittag unseres ersten Ruhetages tuckerte Steinfischer «Mariechen» ungewöhnlich langsam in den Hafen und steuerte ohne Halt direkt auf die Slipanlage zu. Beim Abladen der Steine an der neuen Travemünder Mole hatte sie ihre Schraube ramponiert. Auf der Werft entstand ungewohntes Leben. Die Motorwinde polterte los, der Slipwagen rumpelte über die Gleise ins Wasser und schob sich unter «Mariechens» Bauch. Die Mannschaft richtete ihr Schiff über dem Wagen aus. Und schon verkündete ein um zwei Oktaven höheres Summen, daß die Winsch ihr über die Erde scheuerndes Seil anspannte und langsam einholte. «Mariechens» Achtersteven hob sich aus dem Wasser. Kaum ließ es sich trockenen Fußes erreichen, prüften Skipper und Meister den Schaden. Unverzüglich begannen die Gesellen in ihren blauen Monturen mit Schweißbrennern, Hämmern und gewaltigen Schraubenschlüsseln die Arbeit. Der lädierte Propeller wurde vorsichtig abmontiert, sachte auf einen schnell organisierten Wagen gelegt und noch in der gleichen Nacht quer durch Holstein nach Glückstadt transportiert. Schiffsschrauben sind heiße Ware, und so hat man sich in der kleinen Elbestadt auf ambulante Blitzbehandlung eingestellt. Bereits am folgenden Mittag zierte «Mariechens» Heck wieder ein makelloser Propeller. Kein Bruch, keine Beule, keine Naht zeugten noch vom gestrigen Unfall. «Marie-chen» glitt in ihr Element und tuckerte schnurstracks wieder zu «ihrem» Steingrund.

So gut sich die «Steenkerls» mit den «Werftlüd» verstehen und mit dem Schmied, der jederzeit Blasebalg und Hammer schwingt, wenn eine gebrochene Eisenzange bei ihm einge-liefert wird, so ungesellig sind sie während der Arbeit. Fut-terneid macht sie zu Einzelgängern. Und auch der Seepolizei sind sie nicht grün, die unentwegt mit dem Echolot um sie herumstreicht. Vorbei sind die schönen Zeiten, als den Stein-fischern die ganze Küste bis ans Ufer gehörte.

Peter Wiepert weiß alles

Peter Wiepert ist Geschichtsschreiber, Museumsgründer und Ahnenforscher aus eigenen Stücken. Den hünenhaften Bauern-sohn trieb es früh in die Welt. Einige Jahre verbrachte er bei der Berliner Sittenpolizei am Werderschen Markt. Aber trotz des pikanten Metiers hielt er es dort nicht bis zur Pensions-reife aus. Es zog ihn heimwärts. Ausgerüstet mit dem Spür-sinn eines Polizisten und der Leidenschaft eines Volkstumfor-schers stöberte er alle möglichen Zeugen Fehmarnscher Ge-schichte auf und trug sie nach Haus. Der väterliche Hof faßte bald nicht mehr die Menge der Antiquitäten, und Ordnung ließ sich erst recht nicht schaffen. So quartierte Wiepert seine Schätze in ein altes Burger Patrizierhaus ein und machte dar-aus ein öffentliches Museum. Die Kunde verbreitete sich schnell, und bald konnte sich der Hausherr nicht mehr retten vor Gerümpel, das ihm treuherzige Gönner über die Schwelle trugen. Jede Zunft, jede Familie, jedes Dorf wollte mit mög-lichst vielen Gegenständen vertreten sein, ja, es gehörte nun zum guten Ton, dem Heimatmuseum testamentarisch etwas Dekoratives zu vermachen. So kam es bei Seglern auch bald in Mode, vom Hafen aus einen Abstecher zu dem alten Fach-werkhaus zu machen, um seine maritimen Abteilungen zu inspizieren und in der düsteren Hexenküche unterm Dach das Gruseln zu lernen.

Derweil sitzt Peter Wiepert schräg gegenüber im Stadtcafé. Seine blauen Augen schauen unter den buschigen Bismarck-Brauen unstet über die schwatzenden Gäste. Fernweh liegt in seinen Blicken – vielleicht nach Berlin? Wir setzen uns zu ihm, und er traktierte uns gemächlich mit kleinen Geschichten von seiner Mühle in Lemkenhafen, die besonderen musealen Kostbarkeiten geweiht war. Wo denn Lemkenhafen läge, fragte ich überrascht, da ich nie von der Existenz dieses Hafens gehört hatte. Wiepert nestelte den Brief eines Amerikaners aus dem Jacket, der die gleiche Frage enthielt, und ob es dort auch ein Nachtleben gäbe. Er wolle den Hafen mit seiner Yacht anlaufen. Aber der alte Mann, der jeden Satz mit den bedauernden Worten schloß: «Ach, hätte ich den Schiet bloß nich angefangen!», mußte mich enttäuschen, wie er auch den Yankee schon abschlägig beschieden hatte. Der kleine Flecken mit der malerischen Mühle nannte sich zwar als einziges Inseldorf Hafen, allein die Wassertiefe reichte nur knapp für die flachen Ruderboote der Aalfischer aus, und das Nachtleben, das veranstalteten ein paar Kater auf den Dächern.

Fehmarns Tor zur Welt

Ein reizvoller Spaziergang führte von unserem Hafen östlich um den Burger See herum zur Riviera Fehmarns. Der dichtbevölkerte Südstrand säumte die ganze leicht geschwungene Lagune. Eine Promenade, Caféhäuser, eine bunte Flaggenparade, volle Parkplätze, mit Gummitieren und Badeutensilien behängte Kioske sorgten für eine kleine Prise vom Duft der weiten Welt. Immer schon und lange bevor das Sonnen- und Seebaden in Mode kam, empfingen und erwiderten die Inselbewohner an dieser Stelle Grüße aus der weiten Welt. Unmittelbar vor der grüngelben Lagune lag die Reede von Burgtiefe, der klassische Ankerplatz für fremde Herren aus Nord und Süd, zumal dann, wenn sie sich einmal mehr den Besitz der friedlichen Insel streitig machen wollten. Nicht immer gingen diese Manöver friedlich über die Bühne der Geschichte. Ein Denkmal erinnert noch heute an einen kecken Streich der freiheitsliebenden Insulaner.

Am 15. April des Revolutionsjahres 1848 erschien auf eben erwähnter Reede die dänische Fregatte «Najade». An Bord befand sich der Marinekapitän Dircking Holmfeld als Gesandter des Königs. Die politischen Unruhen auf dem Festland hatten in Frederik VII. Zweifel an der Haltung seines Südreiches geweckt. Holmfeld sollte die Fehmarner auf ihre Untertanentreue examinieren. Der Baron kletterte also in eine Schaluppe und ließ sich von zwei Matrosen zum Strand rudern. Die Wichtigkeit dieser Demarche begriffen die argwöhnischen Insulaner angesichts des königlichen Orlogschiffes sehr schnell. Wer irgend von dem hohen Besuch hörte, kam stracks herzugelaufen. Die Gastgeschenke in den groben Bauernfäusten befremdeten den näherkommenden Gesandten jedoch sehr. Er sah sich einer Palisade von Heugabeln, Dreschflegeln und Knütteln gegenüber. Im seichten Wasser und auf Rufweite gebot er seinen Ruderern daraufhin Halt, richtete sich im schwankenden Boot auf und forderte im Namen des Königs ungehinderten Zutritt aufs Land. Doch ohne Erfolg. Zwei Bauern traten dicht ans Wasser und erklärten ihm in gebrochenem Dänisch, er möge sich zum Teufel scheren, sie unterstünden jetzt Preußen.

Währenddessen verlängerten immer mehr eilig Armierte das streitbare Spalier. Um dem verwirrten Marinekapitän nun zu zeigen, daß er es nicht etwa mit einem lokalen Bauernaufstand zu tun hätte, sondern mit der einhelligen Volksmeinung, hatten die Bauern unterdessen den nächstverfügbaren Adelsherren an die Stätte ihres Zorns entboten. Das war ausgerechnet Baron Leesen, der Herr auf Katharinenhof. Der heißblütige Jüngling schwang sich auf sein Pferd und sprengte hinunter an den Strand, seiner geschichtlichen Stunde entgegen.

Der Anblick vieler wehrhafter Landsleute und ihr einstimmiges Begehr ließen sein Herz höher, ja vielleicht etwas zu hoch schlagen. Jedenfalls gab er seinem Roß die Sporen und setzte in großen Sprüngen durch die Brandung. Kaum sah der Marinekapitän Holmfeld die berittene Attacke auf sich zukommen, legte er hart Ruder und blies zum Rückzug. Allein das Pferd des Junkers war im flachen Wasser ungleich schneller. Leesen drückte es dicht an die Bordwand der Schaluppe und zerrte den armen Kapitän aus dem manövrierunfähigen Boot auf seinen Sattel. Unverzüglich ritt er zu seiner Ausgangsstellung zurück und entledigte sich im Kreise der jubelnden Bauern seines protestierenden Gefangenen.

Kaum hatten die beiden Matrosen wieder Gewalt über ihre Schaluppe erlangt, so pullten sie eilig ans Ufer, um ihrem Kapitän beizustehen. Die Bauern, übermütig geworden durch den Husarenritt ihres Barons und die eigene Übermacht, griffen zu den Waffen. Zu diesem Zeitpunkt muß sich leider auch eine Muskete unter die Dreschflegel verirrt haben, denn im Handgemenge lösten sich Schüsse und peitschten über das Wasser. Einer der treuen Matrosen ließ sein Leben. Der andere jumpte seewärts über Bord und brachte sich schwimmend aus dem Schußfeld, indem er die Schaluppe als Kugelfang hinter sich herzog. An Bord der «Najade» zurückgekehrt, erstattete er den Herren Offizieren Bericht.

Beide Parteien hielten nun Kriegsrat ab, und zwar über das gleiche Problem: Was soll mit Marinekapitän Holmfeld geschehen? Die einen hatten ihn nicht und hätten ihn gern. Die anderen hatten ihn und hätten ihn gern los. Während des kurzen Geleits in das alte Staakener Gefängnis kam den Fehmarnern bereits die Eigenmächtigkeit und Rechtswidrigkeit ihres Handstreichs zum Bewußtsein. Das Kittchen befand sich damals etwa gegenüber dem Platz, wo sich heute der «Goldene Anker» etabliert hat. Wenn diese beliebte Hafenschenke seinerzeit schon existierte, haben die Tagessieger des 15. Aprils sicher dort ihr Palawer abgehalten und ihre rauhen Kehlen geölt.

Der Kriegsrat auf der «Najade» verlief nüchterner. Die jungen Offiziere rechneten sich schnell ihre geringen Chancen aus, ihren Kapitän zu befreien. Weder ihre Handwaffen noch ihre Schaluppe waren auf eine militärische Invasion eingerichtet. So segelten sie verdrossen zu ihrem König zurück.
Auch die Fehmarner machten sich über die Reaktion des Königs Sorgen. Sie hofften, seiner Vergeltung zu entgehen, indem sie den schwarzen Peter weitergaben. Die Versammlung brach auf, marschierte über die Straße und holte Holmfeld wieder aus dem Kerker. Ein Bollerwagen ward angespannt, und der arme Baron noch in der gleichen Nacht unter sicherem Geleit zur Fähre transportiert und übergesetzt. Auf dem Festland überließen sie ihren Gefangenen zusammen mit einem versiegelten Brief der holsteinischen Wache. So rollte der schwarze Peter weiter nach Rendsburg. Der Herzog empfing die delikate Morgengabe seiner Insel mit gemischten Gefühlen. Er bewahrte sein Gesicht und den Gefangenen in Haft. Aber das nützte ihm gar nichts. Noch im gleichen Jahr mußte er mit ansehen, wie Frederik VII. ganz Schleswig säuberlich von Holstein abtrennte und nach allen Regeln der Staatskunst seinem Inselreich einverleibte. Und nach dem Zusammenbruch eines Aufstandes der Holsteiner mußte er den königstreuen Holmfeld unverzüglich wieder rausrücken.
Baron Leesen, Fehmarns ungestümer Wilhelm Tell, wurde zu Festungshaft verdonnert. Der ernüchterte Junker, dem es nicht vergönnt war, seine geliebte preußische Fahne über der Insel zu hissen, verkaufte daraufhin Katharinenhof und kehrte heim nach Preußen.

Windgott – mach mal Pause

Ein Segler schmiedet Reisepläne. Aber der Gott des Windes bestimmt den Rhythmus seiner Schläge. Er allein kann den Segler festhalten in einem kleinen Hafen, ja regelrecht vor der Einfahrt belagern. Grimmige Gestalten stapfen dann über die Decks, nervös wie Mäuse in der Falle. Es fällt dem Segler schwer, länger im Hafen zu bleiben, als er vorhatte. Er möchte weiter. Eine Vielzahl anderer Häfen erwartet ihn. Alle sind reizvoller, als der gegenwärtige. Ihn stimuliert der Rhythmus zwischen stiller Geborgenheit des Hafens und der ewigen Unruhe der See. Das Schauspiel mit der ständig wechselnden Szenerie verträgt keine Pausen. Ein Tag der Ruhe ist lang genug. Werden die Eindrücke des ersten Hafentages noch vielfältig genossen, so stumpft man am zweiten schon ein wenig gegen die Wiederholung ab. Am dritten gar verdreht sich alles ins gerade Gegenteil. Teer und Fischgerüche, die am ersten Tage noch anheimelten, erweisen sich nun als penetrant. Ruß und Sand setzen sich nicht mehr übersehbar in alle Ritzen des Decks. Sie verlangen nach Seewind und Wasser. Längst sind benachbarte Boote nebst Mannschaften inspiziert, klassifiziert und abgetan. Zahlreiche Landgänge haben die Umgebung restlos durchkämmt. Sie ist uninteressant wie eine abgenagte Fischgräte. Man will fort.

Auch die Tanja mußte drei Tage der Prüfung durchmachen. Burgstaaken ist wahrhaft kein Hafen, der durch ein Überangebot an Attraktionen für die Unterhaltung seiner Gäste sorgt. Immerhin gelang es mir, durch geographische und historische Exkursionen meine Crew bei Laune zu halten. Mich selbst übrigens auch, obwohl ich es war, der nun zweimal klammheimlich am äußersten Zipfel unserer Reiseroute ein beträchtliches Stück abschnippeln mußte. Am Abend des dritten Tages war mein Inselprogramm jedoch abgelaufen. Ich flehte also inständig zum Gott der Winde, am kommenden Tag wieder die Regie zu übernehmen. Er tat es. Und er tat es gründlich.

Der nächste Morgen stand im Zeichen eines wohlwollenden
Westwindes, eines blauen Himmels und eines günstigen Wetterberichtes. Im Hinblick auf die betriebsame Kreuz im Sund
und auch als Grundlage für den voraussichtlichen langen Törn
gönnten wir uns ein handfestes Frühstück. Von dem vage ins
Auge gefaßten Pyjama-Start konnte bald keine Rede mehr
sein. Wollten wir das Bergen der Pyjamas einmal als Alpha
und das Heißen der Segel als Omega unseres umständlichen
Levers bezeichnen, so brauchten wir heute für unser kleines
Tanja-Alphabet ganze zwei Stunden. Wir ahnten nicht, wie
unangenehm diese Zeitverschwendung sich uns in Erinnerung
bringen sollte, und setzten froh die Segel. Gegenströmung
und Wellengang zeigten sich trotz des auffrischenden Westwindes passabel.

Eine politische Brücke

Vor uns spannte die neue Brücke ihr eisernes Band über den
Sund. Dekorativer Scheitel der Vogelfluglinie. Ein schlanker
Bogen wölbt sich über der Durchfahrt. Seine beiden Teile
lehnen sich im Zenit aneinander und treiben abwechselnd im
Spiel der Sonne Mimikry. Schräg in den Himmel ragend spie-
gelt die östliche morgens und die westliche abends die Farbe
des Himmels wider.
Die Brücke ist schön. Man sieht ihr nicht an, daß sie das Pro-
dukt eines kalten Krieges ist, den vier Eisenbahngesellschaf-
ten abseits der politischen Fronten um Tourismus und Tonnen
und gegen die Schiffahrt und gegeneinander führten. Die 200
Millionen-DM-Route mit dem gefälligen ornithologischen
Namen war das wirkungsvolle Patt der dänischen und west-
deutschen Schienenstrategen gegen die Schleudertarife der
Schweden und Mitteldeutschen. Da deren Preise nicht mehr
unterboten werden konnten, wurden sie nun in der Geschwindigkeit geschlagen.

Etwas zurückhaltender spekulierten die aufwendigen Linienzieher auf ein Ansteigen des Gütertransportes, denn der sichere Sieg ist nicht populär. Die langsame Küstenschiffahrt wird auf der Strecke bleiben. Nachdem vier eiserne Vorhänge zwischen Helsinki und Lübeck die Küstenschiffahrt auf der östlichen Ostsee lähmten und die schwedische Eisenbahn viele Kümos aus dem Norden verscheuchte, wurde nun auch in der westlichen Ostsee das eiserne Netz um die letzten kleinen Küstenreeder enger gezogen.

Die Vogelfluglinie wurde die große zugkräftige Attraktion des Nord-Süd-Tourismus. Von Hamburg nach Kopenhagen – nur noch ein Katzensprung. Zwei Stunden kürzer als bisher. 200 000 Kraftfahrer tauschen nun Jahr für Jahr 25 langsame Ostseemeilen gegen 40 blitzschnelle Asphaltkilometer. Die anonyme Technik kann einen neuen Sieg über die Natur feiern. Auch wir, die wir uns über den Zeitraffer nicht so zu freuen vermögen, wie es überschwengliche Prospekte suggerieren wollten, passieren den stählernen Bogen des Triumphes mit Bewunderung.

Unterdessen hatte sich ein Güterzug scheinbar schwerfällig auf die lange holsteinische Rampe geschoben, donnerte nun zwanzig Meter über unseren Köpfen nach Norden und rollte verklingend in weitem Bogen auf die flache Insel.

Eine falsche Entscheidung?

Wie ein Trichter öffnet sich der Sund nach Westen. Anbrandende See hat rechts und links aus dem nachgebenden Land runde Buchten herausgewaschen. Nur zwei schmale Halbinseln deuten noch an, wie einst die Küste verlief. In ihrem Schutze bauten sich Insulaner und «Europäer» je einen kleinen Hafen mit um so berüchtigteren engen Zufahrten. Heiligenhafen und Orth. Beide liegen in der Tiefe stiller aalreicher Brackwasserterrains, aber keilförmig getrennt durch frische See, die vom Wind unaufhörlich durch den Sund geschoben

39

wird. Rings im Kreis bricht sich die Brandung, läuft hohl über Sände, dreht sich um sich selbst, entwickelt neue Formationen, wird schneller, wird langsamer und endlich, zwischen den Brückenpfeilern, für kurze Zeit zum Strom beschleunigt.

Die kabbelige See vor uns schillerte grün in der Sonne, und grellrot hob sich die Ansteuerungstonne Fehmarnsund West davon ab. Sie bezeichnet das Ende der Durchfahrt. Das kurzatmige Hickhack des Aufkreuzens hatte ein Ende. Voraus lag die offene See, auf der auch Christel, meine Frau, keine Tonne mehr entdecken konnte. So erhielt ich von ihr das Plazet, nach beiden Seiten weiter auszuholen. Für den Skipper der Tanja eine ausschlaggebendere Anweisung als jede Information einer Seekarte.

In der Nähe der Leuchttonne beschäftigte uns jedoch eine andere Überlegung sehr viel mehr. Eine Entscheidung, die sich jedem reisenden Segler immer wieder stellt. Das Aufkreuzen hatte uns mehr Zeit gekostet, als wir uns eingestehen wollten. Die Stunden waren schneller vergangen als die Meilen. Bagenkop hatten wir als Ziel ins Auge gefaßt. Aber zwischen ihm und uns lagen immer noch 25 sm. Der Gegenwind machte es ungewiß, ob wir den mir nicht bekannten und bei dieser Wetterlage von einem Brandungsgürtel umgebenen Hafen vor Einbruch der Dunkelheit erreichen würden.

Zum Greifen nahe lag hingegen Orth. Wir könnten dort einlaufen und am nächsten Tag einen Pyjamastart exerzieren. Allein damit waren wir dann wieder auf Fehmarn, das wir doch eben in westlicher Richtung zu verlassen einhellig beschlossen hatten. Es wäre einem Rückzug gleichgekommen und hätte sich schwer auf unsere Gemüter gelegt.

Uns lockte die Ferne, und die Sonne stand noch hoch am Himmel. So entschieden wir uns für das Weitersegeln. Auch ich war dafür. Mit dem Fernweh hatte eine gewisse Unbeschwertheit von mir Besitz ergriffen, und so überließ ich mich Spekulationen, wo exakte Messungen eher am Platz gewesen wären. Irgendwie würden wir schon ankommen, sagte ich mir, balancierte den Stechzirkel wie eine Wünschelrute über die Seekarte und setzte insgeheim auf eine Linksdrehung des Windes, die in der Tat unsere Lage sehr vereinfacht hätte . . . wenn sie gekommen wäre.

Leichten Herzens und voller Neugier auf den Verlauf der Überfahrt steuerte ich die Tanja um den Leuchtturm von Flügge, den schlanken Riesen über dem flachen Eiland. Fehmarn verläuft hier im Westen buchstäblich im Sande. Sein geologisches Gefüge gleicht einer sich sanft nach Westen neigenden amphibischen Schanze. Der größere Teil liegt unter dem Meeresspiegel. So brauchten wir auf unserem nördlichen Kurs parallel zur Küste auch lange Zeit, um aus dem kurzen harten Seegang über dem flachen Grund herauszukommen. Die freie ungebrochene Dünung erreichte die Tanja erst in der Nähe des Zwangsweges.

Gedanken am Zwangsweg

Kriege, Minen und Versicherungsgesellschaften sind Paten der Zwangswege. Ihr Spalier rot-weißer Tonnen gehört seit den letzten Kriegen zum Alltag des Seemannes. Schon bei mittlerer Sicht ersetzen sie Radar, Kreiselkompaß und Funkpeilgerät, denn von jeder Tonne aus kann man die nächste sehen. Je knapper man also eine Tonne ansteuert, desto leichter ist die Suche nach der nächsten. Dieses maritime Bäumchen-wechsle-dich-Spiel ist denkbar bequem bei gutem Wetter. Um so schlimmer ergeht es den Tonnen bei schlechter Sicht. Manche Rammung endet für sie, die mitten im Wege stehen, sang- und klanglos auf dem Grund des Meeres – keines Aufhebens wert. Dafür wird ihr das Grundgeschirr der frischlackierten Nachfolgerin sehr bald Gesellschaft leisten.

Achtzigtausend Schiffe durchfahren jährlich den Kieler Kanal. Ihre Mehrzahl passiert Fehmarn. Der Verkehr übertrifft den von Suez und Panama. Hat Amerika der Hanse auch das königliche Zepter entwunden, so bildet ihre traditionelle Domäne, die Ostsee, doch heute noch eines der betriebsamsten

Gebiete der Weltschiffahrt. Wir näherten uns dem Zwangsweg fast im rechten Winkel. Wie aufgereiht auf einer unsichtbaren Schnur zogen große und kleine Schiffe stetig ihre Bahn
hin und her. An jeder Seite der gewölbten Bühne tauchten
neue auf, hervorgelockt von Entgegenkommenden, die unser
Blickfeld bereits durchmessen hatten und sich nun anschickten,
es zu verlassen. Wir hatten den Weg der Schiffe zu kreuzen
und begannen schon früh mit Prognosen, welchen Pott wir
noch vorbeilassen müßten und welcher vielleicht schon unser
Kielwasser schneiden würde. Die Tanja ließ sich von unserem
Lampenfieber nicht anstecken und setzte den Zeitpunkt für
ihren Auftritt auf der offenen Szene sehr viel später an als
alle Voraussagen.

Immerhin differenzierten sich nun die anderen Akteure vor
unseren musternden Blicken, zeigten sich grau, schwarz oder
weiß, eilig oder träge, ließen Nationalitäten und Alter ahnen,
Deckslandungen und Ladegeschirr ausmachen. Aus der Schnur
wurde ein breites Band, eine Avenida, auf der die dicken
hochbusigen Ocean-Liner und breithüftigen Tanker die Mitte
beherrschten, während kleine hurtige Kümos und altersschwa-
che hölzerne Schoner in gebührendem Abstand außen neben-
hertuckerten. Moderne Spezialfrachter eilten stutzerhaft zwischen allen hindurch, unentwegt die Spitze suchend, die es
nicht gab in diesem Ringelreihen zwischen Holtenau, Helsinki
und Haparanda.

Einen Zwangsweg zu kreuzen ist schwieriger als eine Hauptverkehrsstraße. Niemand hält jemals an, um einen anderen
vorbeizulassen. Alles fließt, alles schlüpft und schlängelt sich
aneinander vorbei, biegt auch einmal aus, aber nicht gern. Der
winzige Segler muß mittun, muß sich eine Lücke suchen, die
groß genug ist für seine Durchlaufzeit. Da gilt es, all die großen Damen schon von ferne zu prüfen, die sich ihm nähern.
Ihre Temperamente können nicht früh genug entdeckt und
nicht lange genug kontrolliert werden. Hinter mancher Schaum-
schlägerin, die eine große Welle vor sich herschiebt, verbirgt
sich nichts als eine schlechte Figur. Junge Damen mit schnitti-

gem Untergestell wiederum entwickelten oft unerwartete Geschwindigkeiten. Sie alle halte der Segler im Auge, und welche ihm zu nahe kommt, der lasse er den Vortritt.

Wir hatten eben die Tonne 5 a passiert, als der Wind jäh abflaute. Ein dicker schwedischer Frachter kam von Osten auf. Ausgerechnet hielt er direkt auf uns zu. Es war nicht sicher, ob er vor oder hinter uns vorbeigehen würde. Die Tanja ließ ihm die Wahl. Mit schlaffen Segeln blieb sie genau in seiner Kursrichtung liegen. Die Freiheit der Meere dünkte uns in den folgenden Minuten als ein recht ungleich verteilter Segen. Wir hockten einen Meter über dem Wasserspiegel als Gefangene der Flaute. Ahnten die Herren hoch oben auf der Brücke überhaupt, daß zwanzig Meter unter ihnen jemand schwamm und auf diese Freiheit reflektierte? Vielleicht hatten sie gerade die automatische Steuerung eingestellt. Wer konnte das wissen? Aus unserer Froschperspektive haben aufkommende Dampfer etwas Unpersönliches, Anonymes an sich, das sich dem Kontakt und der Verantwortung zu entziehen scheint. Daran ändern auch die fröhlichen Grüße nichts, die uns nachher vom Heck herunter eine buntscheckige Mannschaft zuwinkt. Geführt werden die Schiffe aus dem Hinterhalt. Die Augen, die uns sehen, verbergen sich hinter einem Kranz blinder Fenster. Die Ohren, die uns hören könnten, sind betäubt vom unaufhörlichen Lärm der Maschinen. Die Sprache, die gesprochen wird, geht über uns hinweg in den Äther.

Schnelle Verständigungsmöglichkeiten von Brücke zu Brücke beschränken sich auf einige wenige Hornsignale. Aber sogar diese hört man bei sichtigem Wetter nur selten. Und immer schwingt dann im Unterton etwas Ärger mit über die Störung, die vermieden werden konnte. Unser alter Schwede fand die Tanja offensichtlich zu klein, um sich über sie zu ärgern. Schweigend drehte er ein wenig nach Backbord. Kaum hatte er uns passiert, nahm er Kurs auf die nächste Tonne. Eine raume Brise setzte ein, und die Tanja räumte eilig das Feld der Großen.

Ein Riese in der Nacht

Vom Turm auf Kjels Nor, so prophezeite ich, würde uns Dänemark begrüßen. Aber Langeland ist das Stiefkind des Inselreiches, und so zog es auch beim Willkommen der kleinen Tanja den kürzeren. Vielmehr stiegen im Nordosten dunkle Streifen über die Kimm, mehrten sich zu einer langen Kolonne, wuchsen uns entgegen wie Birnams Wälder dem Macbeth. Diese Wälder gehörten Laaland. Sie begleiteten uns, ungebeten und hartnäckig, und schienen uns beweisen zu wollen, wie langsam wir vorankamen. Erst die Dämmerung sollte sie endgültig verschlingen.

Schüchtern zeigte sich nun Langelands Südspitze. Die Bewohner nennen sie kurz Gulstav. Wir sagen Kjelds Nor und meinen den Leuchtturm, der im Schutze der ihn umgebenden Hügel seine Tage zu verträumen scheint. Erst in der Nacht, wenn seine grellen Doppelblitze sich in unaufhörlichem Kreise jagen, zeigt er sich als der Riese der westlichen Ostsee, der fast die Hälfte ihrer Oberfläche in sein weißes Licht taucht, mehr als jedes andere Leuchtfeuer.

Der Wind frischte zeitweilig auf und raumte sogar ein wenig. Ich hielt so hoch wie möglich auf die sich nach Norden reckende Ostküste von Langeland zu. Aber die Sonne neigte sich unerbittlich gen Westen. Unser Wettlauf mit dem Licht war nicht mehr zu gewinnen. Für mich hieß es nur noch, die Frage an mein Volk zu stellen, wie wir ihn verlieren wollten. Langwierig, aber risikolos, nämlich hochlaufend unter der schützenden Küste nach Spodsbjerg, dem tristen Nothafen für müde Segler? Oder kurz und hart gegen See, Wind und Brandung um die Ecke nach Bagenkop, dem Tor zu den schönen Gewässern südlich Fünens? Meine Crew entschied sich ohne Zögern dafür, dem Wetter noch einmal die Stirn zu bieten und «eben um die Ecke zu gehen». Kurz darauf flaute der Wind erneut ab. Die Tanja hatte es demzufolge auch nicht mehr eilig mit der Annäherung an Langeland. Kleine Kümos auf dem Weg nach Norden tauchten vor unseren Blicken ein

in den milchigen Halbschatten der Insel, verschwanden darin
wie in einer Wolke. Erst als wir ihren dicht unter der Küste
verlaufenden Weg erreichten, erkannten wir einige wieder,
bleigrau vor Bleigrau nur durch die Bewegung gegen das Ufer
abgehoben. Wir wendeten, und langsam wuchs der Leuchtturm nun vor uns aus Wäldern und Hügeln in den Abendhimmel. Stille umgab ihn, keine Seele weit und breit. Aber der
Windgott hatte noch ein Wort mitzureden. Der Wind frischte
auf. Die Tanja verbeugte sich nachhaltig, und wir hatten so
viel zu tun mit Segeln und Schoten, daß wir gar nicht bemerk-
ten, wie schnell wir am Turm vorbeiflogen. Sein erster Blitz
traf bereits unser Heck. Der Tag war zu Ende, nicht aber unser Törn.

... eben um die Ecke

Nirgendwo ist die Nacht so pünktlich, so unbestechlich, wie
auf See. Kunst und Natur machen ihr Recht nicht streitig wie
in den Städten oder im Gebirge. Nur Wolken können ihr hel-
fen, die Bilder des Tages vorzeitig zu verwischen. Zunächst
färbt sie die Küste ein und gießt von dort aus ihre Schwärze
über das Meer. Auch hinter dem fahlen Turm, der nun blitzte,
spannte die Nacht bereits von Hügel zu Hügel ihre Schatten
zu einer undurchdringlichen Wand bis hin zum vorspringen-
den Felsen im Süden, bis Gulstavs Klint. Hoch ragt der Klint
ins Meer, stürzt schroff in die Tiefe, wo die Brandung sich
endlos balgt um alles, was er ihr hinwirft, Kalksand, Geröll,
Grassoden und Büsche.
Eben noch schützte uns sein Rücken gegen das heraufziehende
Wetter, und noch hatten wir den Klint nicht umfahren, da
fegten schon die ersten Böen frei über die See heran, griffen
nach Tanjas Segel und ließen sie nicht mehr los. Kurz war
der Übergang vom ruhigen Wasser zur langen Dünung, die,
offensichtlich schon seit geraumer Zeit unterwegs, schwerfällig
vor den mäßigen Winden dahinrollte. Sie, die Träge, Phleg-

matische, hatte auf eine ruhige Nacht gehofft. Da störte der Wind sie jäh. Abendlaune setzte den Wellen Schaumkronen auf steile Kämme, und riß sie gleich darauf wieder herunter. Blasenstreifen durchzogen die langen Täler, Gischt flog von Kopf zu Kopf. Für uns, die wir eng zusammengekauert auf der Luvducht hockten, ein unwirkliches Geisterspiel, fehlten ihm doch das Sonnenlicht und die Dimension des Himmels. Die Nachtwolken über uns hatten es eilig und erlaubten keine Orientierung. Der Klint sank leewärts zurück in die formlos verschwimmende Inselkulisse. Wir überließen uns dem Wind und der See. Beide hörten wir, fühlten wir mehr mit den Bewegungen der Tanja, als daß wir sie sahen. In das Singen der Wanten und das gelegentliche Schlagen der Fock mischte sich das Klatschen der Wellen gegen den Bug, das Zischen näherkommender Schaumköpfe vor dem Überschlagen und das Gurgeln der Hecksee. Unsere Ohren schienen unsere Hauptsinnesorgane geworden zu sein, ausgerechnet unsere schwachen, jedem Trug lächerlich aussetzbaren Ohren. Und so starrten unsere Augen gierig nach etwas Sichtbarem, aber vergeblich.

Willig und unverdrossen stampfte die Tanja von Welle zu Welle in die Nacht hinein. Die ehedem schützende Insel, als konturlose Masse in die Nacht gesunken, drohte uns nun mit Untiefen, Grundseen und Brandung. So mußte ich weithinaushalten nach WSW ins Schwarze, wohin Kompaßnadel und Sturm mich wiesen. Christel war darüber nicht gerade glücklich. Hatte ich doch nur von «um die Ecke gehen» gesprochen, und nun ging es weiter, viel weiter hinaus als je. Sie verschränkte ihre Arme hinter dem Wellenbrecher und grub ihren Kopf in die Hände. Wenn sie mir ihr Gesicht zuwandte, glänzten Salztropfen vorwurfsvoll auf ihren Wangen. Auch Silke und Jochen zogen die Schultern ein und äugten schweigend nach vorn in die Nacht und selten mal nach achtern zur Insel. Wo denn der Hafen läge? wollten sie wissen. Ich streckte den Arm fast nach achtern. Warum wir nicht über Stag gingen? Ich suchte noch zwei unbeleuchtete

Tonnen. Aber ich glaubte selbst nicht daran, sie zu finden. Da war ein Licht, ein grünes, rief Christel. Das war Bagenkop. Wie weit mochte es sein? Die Nacht verzerrte die Dimensionen. Hatten wir die Tonne schon passiert? Nein, da geisterte sie dicht in Luv an uns vorüber. Zum Greifen nahe, aber ehe jemand das Topzeichen zu erkennen vermochte, war sie schon wieder in der Dunkelheit verschwunden. Da, ein rotes Licht im Süden. Und noch eines. Beide dicht beieinander. Schnell wurden sie heller. Zwei Fischer mußten es sein. Liefen hoch nach Norden zwischen uns und der Insel. War unser Ziel auch das ihre? Oder fischten sie noch? Sicher war es nun, daß wir genug Wasser hätten auf dem Schlag nach Norden. Wir wendeten also – zur Erleichterung Christels – und behielten die Fischer im Auge. Sie hielten tatsächlich auf Bagenkop zu. Aber ihre Positionslichter verschwanden so rasch, wie sie gekommen waren. Ihr niedriges Hecklicht schluckte die See. Zwei Schatten noch, dann nichts mehr.

Mit frisch geweckten Lebensgeistern und leicht gefierten Segeln jagten wir hinter den Fischern her. Heller wurde das grüne Licht. Weiße Lichter gesellten sich dazu. Die Umgebung aber blieb undurchdringlich. Die Tanja lag auf Nordkurs, hob und senkte sich stetiger im längeren Rhythmus der Wellen, wurde schneller und lag leichter im Ruder. Ich wollte sie auf Nordkurs lassen, bis wir die Einfahrt klar ausgemacht hätten. Aber plötzlich verschwand das grüne Licht, unser großer Hoffnungsstrahl. Hatte sich ein Felsen davorgeschoben – oder ein Haus? Wir konnten den schwarzen Buckel nicht identifizieren, der ein Licht nach dem anderen verschlang, sie aber alle auf der anderen Seite wieder freigab. Auch das grüne Licht kam wieder zum Vorschein, heller und höher als zuvor: höchste Zeit, das Einlaufen vorzubereiten. Jochen an die Pinne. Motor an. Mit ihm und der Fock wollten wir durch die Brandung in den Hafen. Nochmal ein Blick mit der Taschenlampe auf den Hafenplan und noch einmal und ein letzter Blick. Dann Jochen mit Lifeleine vor den Mast ans Großfall. Zeisinge für die Mädchen. Und alle Mann festhalten! Wenn

47

das Großsegel unten war, würde die Tanja wie ein Ball auf den Wellen tanzen. Das grüne Feuer kam inzwischen querab. Die Hafeneinfahrt mußte direkt vor uns liegen. Zu sehen aber war nichts. Blind mußten wir die Manöver nach der Karte ausführen. Also, Jochen, runter mit dem Lappen. Während die Tanja, befreit vom Druck des Segels, sekundenlang aufrecht verharrte, klammerten die Mädchen ihre Arme um Großsegel und Baum. Schon begann er im Seegang hin- und herzuschlagen und unwillig an der eilig dichtgeholten Schot zu rütteln. Höchste Zeit zur Fockhalse. Dann mit fliegenden Fahnen durch die Brandung. Wo aber war das rote Licht der Einfahrt? Nicht zu erkennen? Also ganz dicht an das grüne heran. Und nun erst, in greifbarer Nähe, erkannten wir die steinerne Mole. Da hatte sie die Tanja auch schon geborgen, wie der schützende Arm eines Engels.

Geborgen

Eine letzte Brandungswelle drückte uns in das stillle Wasser des Hafens. Wie im schützenden Laufgraben eines Bollwerkes glitt die Tanja dicht an der Außenpier entlang, vorbei an dem Spalier der Laternen, die im über uns hinwegfegenden Winde schepperten. Im Schein ihrer Lichtkegel glänzten das nasse Pflaster und die mannshohe Brüstungsmauer. An Backbord passierten wir auch nun erst das rote Licht der Einfahrt. Wir hatten das Hafentor erreicht. Seitlich hinter ihm erhob sich ein dichter kurzstämmiger Mastenwald. Der Schlafplatz der Fischkutter. Eine geschlossene Gesellschaft, eng, still, dunkel und den Fremdling abweisend. Im nur wenig größeren Hauptbecken machten wir einen Aufschießer und musterten die freien Plätze an den Kais. Hier und dort tauchten Gestalten auf, die uns mit Armbewegungen Ratschläge zu erteilen suchten. Schließlich vertrauten wir dem Winken eines dicken Fischermannes und ließen die Tanja langsam über den Achter-

steven neben einen Kutter sacken. Seine teils abgebrannten, teils frischgestrichenen Aufbauten zeigten uns, daß er morgen kaum auslaufen würde. Hier lagen wir richtig. Jochen legte die Vorleine behutsam um den Poller und gab lose, bis Christel vom Heck aus die Pier erreichen konnte. Sie sprang an Land. Vor ihr stand, auf ein Fahrrad gestützt, breitbeinig und untersetzt eine massige Gestalt, nahm ihr die Achterleine aus der Hand und zog sie durch einen nahen Eisenring.

Christel begann, auf den freundlichen Helfer einzureden, und versuchte, ihm ein bißchen Anerkennung abzuringen für die überstandene Seefahrt. Aber er nickte nur freundlich und zog umständlich einen Quittungsblock aus der Tasche, um unseren Obolus zu kassieren. Der radfahrende Seemann war Kai Kromann, der Hafenmeister von Bagenkop. Jochen, der als Dolmetscher unserer kleinen Transaktion fungierte, geriet leicht aus der Fassung: Ein königlich-dänischer Hafenmeister ohne weiße Mütze, das war mehr als ein Stilbruch, das war ein Sakrileg in seinen Augen.

Die schnell entzündete Petroleumlampe in der Messe lockte unsere Damen magisch unter Deck, das wohlverdiente Abendbrot zu servieren. Wir Männer, die wir uns gedanklich nur zögernd und sehr viel langsamer als die Damen von der Fahrt in die Nacht zu lösen vermochten, versorgten bedächtig das laufende Gut, räumten das Deck auf und machten einen schweigsamen Spaziergang auf die Mole, die letzten Meter unseres Törns noch einmal nachzuerleben. Hinter der Mauer klatschte Welle auf Welle gegen die Steine, Gischt sprühte über unsere Köpfe. Auf der freien Plattform des Molenkopfes hielten wir inne, stellten uns in den Wind, starrten in die tiefschwarze Nacht, aus der die Wellenberge sich heranwälzten. Jäh aufglänzende Schaumkämme türmten sich in der Dunkelheit auf, sanken in sich zusammen, noch ehe sie anschlugen gegen die uns schützende Mauer. Das tiefgestaffelte Vorfeld granitener Findlinge hatte schon vorher und unsichtbar die Gewalt der Brandung gebrochen. Still und dankbar über unseren sicheren Port trotteten wir zum Schiff zurück. Das Erlebnis des Abends konnte in uns abklingen.

Wir hatten Mühe zu verhindern, daß uns der Schlaf nicht schon während des Essens überfiel. Meine letzte Amtshandlung bestand darin, für morgen einen Ruhetag anzusetzen. Dennoch wollte ich in einer allerletzten Anwandlung von Pflichtgefühl noch den Seewetterbericht hören. Höhepunkte seglerischen Verantwortungsbewußtseins bildet sein regelmäßiges Abhören. Nie sieht man an Bord einer seegehenden Yacht ernstere Gesichter, tiefer nach innen gewandte Blicke als in diesen zehn Minuten der Sammlung. Die Stimme aus dem Äther ist das Orakel der Götter. Doppelsinnig, dehnbar und unverbindlich bestimmt es ihre nächste Zukunft und ihre Entscheidungen. Mußten die Griechen noch weite Reisen unternehmen, um private oder politische Neugier zu befriedigen, so trugen wir unser Orakel stets bei uns. Allerdings beantwortete es keine spontanen oder zudringlichen Fragen, sondern beschränkte seine weisen Sprüche auf zwei Pauschalauskünfte pro Tag. Das Opfer aber, das es dafür forderte, schien für meine Crew unerfüllbar. Es war Pünktlichkeit! Stets kamen wir entweder zu spät oder zu früh und konnten die Zeit nicht abwarten, vergaßen sie gelegentlich auch wohl ganz.

Nun endlich dünkte mich der Zeitpunkt gekommen, wo uns das Radio Rede stehen mußte. Rücklings hatte ich mich auf meine Koje gelegt, den Schlafsack zugezogen und das Orakel mit beiden Händen quer auf meinen Bauch postiert. Ein lebender Dreifuß. Fünf Minuten noch, und der Wetterbericht würde vernommen. Full tone stellte ich ein. Der Bericht kam auch, lange und laut. Aber auch diesmal war es mir nicht vergönnt, das Schicksal zu zwingen. Die Götter hatten es anders beschlossen und schickten Morpheus herab.

Auf der Tanja ward ihm ein leichter Sieg. Drei sanken ihm sofort in die Arme. Nur Silke, als Apothekerin an den Umgang mit Narkotika gewöhnt, hielt seinem Werben länger stand, ließ den Lärm des Radios geduldig über sich ergehen, nicht ahnend, daß die anderen bereits eingeschlafen waren. Erst der Sturz von meiner Koje und das anschließende schrille Gekrächze des Transistors machten Silke doch stutzig, und sie eliminierte die Lärmquelle aus dem Kreis der Schlafenden. Als wir am nächsten Morgen erwachten, wußte auch Silke nichts mehr vom Spruch des Wetterberichtes zu sagen. Westliche Ostsee, östliche Nordsee, Kattegatt und nördliche Ostsee, alles wogte durcheinander. Wer aber von uns Dreien konnte es wagen, Silke daraus einen Vorwurf zu machen?

Sanfter Wellenschlag schaukelte die Tanja zwischen den Pfählen und uns in den Kojen. Da schlug uns der Schlaf, übermütig geworden durch den schnellen Sieg, noch ein Schnippchen. Er schickte Christel auf große Fahrt ins Reich der Träume. Hoch ging die See, und hoch richtete Christel sich in der Koje auf, rief laut Befehle in die Nacht, lauschte auch wohl tosenden Stürmen. Schlaftrunken versuchte ich, ihr wildes Traumspiel zu beruhigen. Das aber hätte ich nicht tun sollen. Denn schon hatte sie sich meiner Hand bemächtigt, riß mich samt Schlaf-

sack hoch und fuhrwerkte mit meinem ganzen Arm hin und
her, als sei es Tanjas Ruderpinne. «Warum wendest du nicht?»,
gellte es an mein benommenes Ohr. Dann folgte verwirrtes
Schweigen. Der Schlaf hatte Christel wieder in ein Zwischen-
reich geführt. Beim Anblick ihres schlaftrunkenen Mannes
neben sich, zerrannen alle nautischen Inspirationen. Das Entsetzen jedoch blieb noch, verwandelte sich in hausfrauliche
Entrüstung. «Günther, dein bestes weißes Hemd hast du an.
Das zerknüllt doch völlig!», erklang es nun drohend zu mir
herüber. Während mein Oberkörper fühllos von einer Seite
zur anderen schwankte, riß mir Christel das beanstandete
Kleidungsstück vom Leib. Ich wußte immer noch nicht, wor-
um es eigentlich ging, und wagte also auch keinen Einspruch.
Meine Frau erwachte, in der Hand nichts als meine Pyjama-
jacke. Sicher wurde in dieser Nacht kein Segler liebevoller
und behutsamer zur Ruhe gebettet als ich.

Danmarks fleißiges Schlußlicht

Als wir erwachten, durchfluteten die Strahlen der Sonne Bulleyes und Luken, lockten uns alsbald aus den Federn, obwohl
uns heute kein Termin und kein Programm drängte und lockte. Ganz nach Lust und Laune der Crew sollte sich das Bordleben gestalten. Beim Rasieren, Bettenlüften, Wasserholen und
Zähneputzen sondierten wir aufmerksam die Umgebung. Unsere nächtliche schemenhafte Zuflucht hatte sich im hellen Tageslicht verwandelt in ein pastellfarbenes Rund mit winzigen,
aber akkurat abgezirkelten Hafenbecken, Slipanlagen, Dal-
benreihen, Schuppen und Werkhallen. Alles, was wir sahen,
hatte unverkennbaren Bezug zum Meer. Kaum etwas zum
Land. Die eintönige Hügelkette im Hintergrund wirkte be-
ziehungslos, ja abweisend. Übergangslos von blanken Feldern
umgeben, schien der Hafen ein Fremdkörper, den die See zufällig an dieser Stelle angespült hatte. Übrigens nahmen auch
Reiseführer Bagenkop nicht zur Kenntnis. Die Dänischen

Staatsbahnen haben Schienen und Bahnhof kürzlich sogar wieder abmontiert. Fähren dampften am Hafen vorbei. So spielte Bagenkop zu seinem eigenen Leidwesen die Rolle des Schlußlichtes aller königlich dänischen Häfen. Wer es nicht glaubt, der steuere es nachts an. Wir haben es gesehen. Es leuchtet grün.

Einer der kleinen stämmigen Fischkutter tuckerte in den Hafen. Mit gestoppter Maschine schwojte der weiße Rumpf langsam an die kleine Ladepier vor der Filetfabrik. Aus dem flachen Backsteinhaus stapften zwei Arbeiter in gelben Schürzen und hohen Gummistiefeln heraus. Mit geübten Griffen schoben sie eine Holzrampe an die Reling des Kutters. Da schlitterten auch schon die ersten schmalen Fischkisten an Land. Weitere kamen in rascher Folge aus dem Decksluk zum Vorschein, immer mehr stauten sich auf der Rutsche, türmten sich schließlich neben der Waage. Von ständiger Nässe gerötete Hände notierten flink Anzahl, Gewichte und Qualitäten. Schaulustige sammelten sich zu beiden Seiten des Bandes, stoppelbärtige Altenteiler, Halbwüchsige auf altmodischen hohen Fahrrädern, Kinder neugierig die aufgesperrten Mäuler der Dorsche anstaunend. Knapp zehn Minuten später waren alle Kisten in der Filetfabrik oder auf dem niedrigen Pritschenwagen verstaut, hatte der Kutter sich an seinen Liegeplatz gezwängt, die Zuschauer sich zerstreut. Nicht sehr weit allerdings, denn bei der nächsten Anladung wollten sie ja wieder zur Stelle sein, und die ließ nicht lange auf sich warten. So ist der Ladeplatz der eigentliche Mittelpunkt Bagenkops. Das silbrige Band der Fischkisten ist seine Schlagader. Von den kleinen handlichen Dingern, die Tag und Nacht, in Sommer und Winter an dieser Stelle angelandet werden, leben einhundertfünfzig aktive Fischer und alle tausend Bewohner des Ortes. Und sie leben gut, sie können sogar sparen und Pläne machen. Drei Millionen Kronen bringen ihnen Dorsch, Makrele und Hering im Jahr ein. Das ist ein Batzen Geld für den bescheidenen Hafen, aber nicht genug für die Zukunftspläne des strafforganisierten Fischervölkchens. Es möchte einen der zahlreichen Zipfel des deutschen Tourismus packen. Nicht das Dutzend Yachten soll sich vermehren, das pro Sommernacht hier Station machte, um zu verschnaufen und nicht viel mehr Geld investiert, als die geringe Hafengebühr und wenige Kronen für Brötchen und Postkarten. Nein, eine Fährverbindung nach Kiel soll eingerichtet werden. Sie könnte die Deutschen nach Dänemark zum Essen und die Dänen nach Deutschland zum Trinken einladen. Dieser «geistige» Austausch hat sich seit Jahren ringsum dutzendfach bewährt. Musikdampfer aller Art und jeden Alters gondeln mit Menschen, Schnaps, kalten Buffets und Devisen von Küste zu Küste, während alles an Bord die Zeit damit verbringt, seinen Besitz zu wechseln. Bei unseren Gastgebern war es jedoch mit der Charterung einer solchen Schnapsfähre allein nicht getan. Sie brauchten eine sichere Einfahrt und eine längere Anlegestelle. Der Hafen mußte ausgebaut werden. Das sollte drei Millionen Kronen kosten. Kopenhagen hatte zwei als Entwicklungshilfe bewilligt. Die dritte wollten sie selbst aufbringen.

So wird auch Bagenkop bald ein Passagierhafen sein mit all dem Trubel, der Oberflächlichkeit und Hektik, die Menschen verursachen, wenn sie stunden- und herdenweise losgelassen werden. Nicht mehr viel wird bleiben von der Abgeschiedenheit und Zeitlosigkeit des engen Fischerplätzchens. Vielleicht noch die stillen Nächte. Aber nicht mehr der bedächtige Rhythmus der Tage.

Vom schwankenden Kriegsglück in der Ehe

Christel sieht leider hell. Sie hat sozusagen Röntgenaugen. Tägliches Opfer dieser Eigenschaft ist ihr eigener Mann. Sie behauptet, ich könne mich in keiner Weise verstellen. Meine Seele sei ihr zu jeder Zeit ein offenes Buch. Ich finde das nicht angenehm, aber was soll ich dagegen tun? Meine geheimsten Regungen erkennt Christel lange, bevor sie für eine Bekanntgabe reif geworden sind. Stimmen sie mit ihren Plänen überein, so gibt sie sich als fügsames Weib. Kollidieren sie aber miteinander, so sammelt sie in aller Stille ihre Argumente und stellt sie in Schlachtordnung auf. Nach der ersten Überrumpelung finde ich mich bestenfalls in der improvisierten Auffangstellung wieder. Meine eigenen Argumente sind längst in alle Winde zerstreut. Im Laufe eines Ehejahres bin ich als Geheimnisträger vorsichtig geworden. An diesem herrlichen Tag in Bagenkop wollte ich beispielsweise ungesehen auf die Mole spazieren, während meine angeschlagene Crew den mir abgepreßten Ruhetag mit Zeitunglesen verbrachte. In Deckung der zum Trocknen gespannten braunen Netze und hoher Kistenstapel stahl ich mich von Bord weg und gelangte auf den Molenkopf. Ich wollte die See anschauen, sehen, welch ein bildschöner Segeltag uns verlorengehen würde. Die Molenbrüstung ist recht hoch, und von Deck der Tanja konnten wir das Wasser nicht sehen. Der Anblick war begeisternd. Ein rechter Damenwind kräuselte eben die See und ließ sie im Sonnenlicht millionenfach glitzern. Feiner Dunst verschleierte die Kimm im Süden und Westen. Im Norden, greifbar nahe, lag Ärö, unser nächstes Ziel. Ich setzte mich zwischen die unentwegten Angler und ließ die Beine über dem leise schwappenden Wasser baumeln. Könnten wir jetzt nur segeln! Wann wird es je ein so klassisches Damenwetter wieder geben? Ich mußte es einrichten, daß die Damen dieses Wetter selbst entdeckten. Vielleicht schöpften sie dann wieder Lust und Mut. Ich schlenderte zur Tanja zurück und bemühte mich um eine gleichgültige Miene.

Meine Frau erwartete mich bereits im Niedergang mit dem triumphierenden Satz: «Ich weiß genau, was du jetzt denkst!», beugte sich zu Silke und Jochen in die Messe: «Mein Mann war nämlich eben auf der Mole. Und wenn der auf die Mole geht, will er weitersegeln. Aber mein Lieber», wandte sie sich wieder resolut an mich: «Denk daran, was du uns gestern so hoch und heilig versprochen hast...»

Ich zuckte resigniert mit den Schultern, warf meinen letzten Köder aus: «Wir können doch jedenfalls mal einen gemeinsamen Spaziergang auf die Mole machen. Seht selbst, wie es draußen ist!» Sie bissen an. Als wir auf dem Molenkopf standen und das weite blaue Rund überschauten, strahlte uns die Ostsee unter der heißen Mittagssonne an. Ich glaubte die Ausreiseerlaubnis schon in der Tasche zu haben. Aber nun begann erst ein scharfes Verhör:

«Wie weit ist es bis Marstal?»

«Acht Meilen.»

«Also sechszehn Meilen. Du sagst immer nur die Hälfte. Und wie lange brauchen wir?»

«Zwei Stunden!»

«Also vier Stunden. Kommen wir auch bestimmt nicht in die Dunkelheit?»

«Nein.»

«Also fahren wir!», schloß die hochnotpeinliche Befragung dreistimmig.

«Nun hast du deinen Willen doch gekriegt», raunte meine Frau mir mit umwölkter Stirn zu.

Nachdem die Entscheidung einmal gefallen war, durfte ich – an Bord zurückgekehrt – die Schiffsführung wieder übernehmen. Eine halbe Stunde später schwamm die Tanja unter vollen Segeln aus dem Hafen von Bagenkop. Wie gnädig hatte er uns in der Nacht aufgenommen, und wie gleichgültig kehrten wir ihm nun den Rücken! Meine Blicke waren hinausgerichtet auf die schillernde See und die sich an Steuerbord ausdehnenden Sandstreifen Langelands und Ärös. Ich tänzelte vor Vergnügen im Cockpit herum und spielte mit der Pinne

Steckenpferd. Ein Badetörn in der heißen Sonne ist das schönste, was mir die Segelei bescheren kann. Und schließlich konnte sich auch Christel dem Charme des Himmels nicht länger entziehen. Ich ließ Jochen ein wenig beidrehen, während wir uns mit Kopfsprüngen vom Vorschiff vergnügten oder uns an langen Wurfleinen schleppen ließen. Kein Wunder, daß aus den geschätzten zwei Stunden im Umsehen vier wurden. Aber welche köstlichen, kostbaren Stunden waren das, in denen wir sorglos und glücklich an den Dünen Langelands entlangschipperten! Jetzt wußte ich wieder einmal, warum ich mir eine Yacht zugelegt hatte, und meine Frau wußte, warum sie ausgerechnet auf einen Segler hereingefallen war.

An der Pforte eines Seglerparadieses

Ein formloser, flacher, mattroter Ziegelhaufen, so präsentierte sich Marstal der von See sich nun nahenden Tanja. Langsam hoben sich Kirchturm und Mühle ein wenig heraus, später einzelne Dächer, Fassaden, Schuppengiebel. Alles blieb jedoch eingebettet in ein dichtes Gedränge. Kaum vorstellbar, daß Straßen oder auch nur Gassen das Getümmel durchdrangen. Ein Stich von Mattheus Merian, koloriert von fleißigen Händen vieler Generationen und der Patina der Jahrhunderte. So begierig wir waren, näherzukommen, so sorgfältig mußten wir jedoch nun die komplizierte Einfahrt beachten, eine prielartige Rinne namens Dybet, was zu deutsch einfach Tiefe heißt. Die Meerenge zwischen Langeland und Ärö wird flankiert von zwei flachen, sandigen, mit kleinen Badehütten besetzten Landzungen, die sich die Nachbarinseln entgegenstrecken, so als bedauerten sie immer noch, daß irgendeine Eiszeit sie einst für immer trennte. Zwei Meilen Wasser liegen hier zwischen ihnen. Aber die Weite des Wassers trügt. Es ist größtenteils nicht einmal einen Meter tief. Man kann es zu Fuß kreuz und quer durchwandern. Den Schiffen bleibt nur der Dybet, ein Nadelöhr von knapp zwanzig Meter Breite. Rechts und links lauert der Schlick. Ohne Karte ist man verloren. Aber auch mit ihr ist das Ausmachen der Tonnen immer spannend. Christel kennt sich in Navigation nicht aus. Aber Tonnen pflegt sie eine Art Götzendienst zu erweisen. Von allen Seiten werden sie beäugt, ihr Kopfschmuck wird miteinander verglichen, ihre Reihenfolge auswendig gelernt wie ein Katechismus. Heute lagen alle Besen und Kreuze klar vor uns in der Sonne und lauerten träge darauf, von der Tanja auf der richtigen Seite gelassen zu werden.

Marstals Dybet zeigte sich uns als eine der reizvollsten Einfahrten in dänische Binnengewässer. Fast ohne merklichen Übergang passierten wir die Schwelle zwischen freier See und flachem Binnenmeer. Eben noch jeder Laune plötzlich aufkommender Winde ausgesetzt, aber mit zwei Mastlängen Wasser unter dem Kiel. Nun, von einer Minute zur anderen das Augenmerk nicht mehr am Himmel, sondern ausschließlich nach vorn gerichtet auf Besen und Kreuze und in die Tiefe, wo Tangwälder und Sonnenreflexe die Sicht auf den flachen Grund trügerisch verbargen.

So lange es ging, folgten wir dem kurvenreichen Dybet unter Segeln. Schließlich war die Tanja ein Segelboot. Auch wollte ich uns nicht früher als nötig von der Tücke des Motors abhängig machen, mich auch nicht an diesem schönen Ferientag den Sticheleien meines Weibes aussetzen. Konnte aber ein nicht benutzter Motor vielleicht als Schwäche, als mangelndes Vertrauen ausgelegt werden? Also ließ ich ihn im Leerlauf mitspielen und machte meiner Frau die Illusion, daß er uns zöge, und mir die Freude, mit Windeskraft den engen Port zu erreichen. Noch ein kleiner Bogen um den berühmten Leitdamm, der uns eine Zeitlang schwärzlich und wehrhaft die landwärtige Sicht nahm, dann lag die lange gerade Zeile des Hafens vor uns.

Von der Kunst des Festmachens
und von einem strengen Herrn

Unsere Ankunft in Marstal hatten wir mit verteilten Rollen inszeniert. Christel spielte Untiefen-Komplex und steigerte ihn in gleichem Maße, wie wir uns dem Hafen näherten. Und diesmal nicht zu Unrecht, denn längs der Mole war der Hafen stark versandet. Hoch aus dem flachen Wasser ragende Wracks säumten die Szene. Christel sah sie jedoch kaum, da ihre heutige Hauptrolle als Smut sie an den Herd bannte, und die Bulleyes der Kombüse gewähren keinen Blick nach vorn. Ich halte das für eine glänzende Idee des Konstrukteurs: eine Kombüse ist schließlich keine Kommando-Brücke. Die Makkaroni quollen ihrer Vollendung entgegen, denn wie die meisten Yachtsmuts in der gleichen Situation richtete Christel das Essen gern so an, daß es in dem Moment auf der Back stand, wenn die ganze Crew mit dem Festmachen beschäftigt war. Als gälte es ein Auto zu parken und nur den Zündschlüssel abzuziehen! Alles, was zur Versorgung eines Bootes gehörte, das Ausbringen von Heck- und Vorleinen und mindestens einer Spring, das rechte Verteilen der Fender, Verpacken der Vorsegel, Auftuchen vom Groß, Setzen der Baumschere, das alles hielt sie schlicht für Trödelei und Pedanterie.

«Warum sagt ihr nicht gleich, daß es noch eine halbe Stunde dauert? Dann hätte ich nicht schon draußen mit dem Kochen angefangen», zürnte sie.

«Ich konnte ja nicht wissen, daß du mit dem Essen gerade jetzt beim Anlegen fertig bist. Zwanzig Minuten früher oder später hätten gut gepaßt...», versuchte ich zu erklären.

«Ich kann nicht auf die Minute kochen mit zwei Flammen und in der Enge. Ich koche eben nicht wieder unterwegs.»

Im stillen freuten wir uns natürlich alle darauf, daß es gleich Essen geben würde.

Silke saß während der Einfahrt auf dem Waschbord und ließ weisungsgemäß, wenn auch etwas gleichgültig, zwei Fender über die Reling baumeln. Mit unvergleichlich größerem Enthusiasmus verfolgte sie die wenigen Vorgänge an Land, von denen ihr jeder ein direkter Ausdruck der geliebten dänischen Mentalität zu sein schien. Danmark sah uns an mit den neugierigen Augen einer Kleinstadt. Silke lächtelte gewinnend zurück.

Jochen hatte auf dem Vorschiff Posten bezogen, wog die Buchten der Vorleine in seiner Hand und ließ seine Blicke an Land schweifen, nicht zu greisen Kantenstehern und angelnden Knaben. Nein, Jochen suchte einen würdigen Partner für eine gründlich vorbereitete dänische Konversation. Hinter goldgefaßter Brille wanderten seine Augen prüfend von einem Weißbemützten zum anderen.

Ich hatte kein Auge für die folkloristischen Reize des Ortes. Ich suchte ein stilles Plätzchen für die Tanja. An der Brücke des Lystbaadehavns lag ein Päckchen von fünf Gastyachten, die ihre Heckankerleinen dicht beieinander ins tiefere Wasser streckten. Will man einen Heckanker mit Erfolg ausbringen, so muß man das Manöver gut vorbereiten. Je besser man das tut, desto seltener muß man es wiederholen. Gelegentlich klappt es schon beim ersten Mal. Wir machten also provisorisch am Steg längsseits fest und palaverten beim Makkaroni-Essen über die zu ergreifenden Maßnahmen. Jochen bekam Order, ein Dingi zu chartern, um den Anker recht weit auszufahren. Im Bootshafen spielten zwei Jungen in einem geeigneten Fahrzeug. Sie zeigten sich sofort bereit, mich und den Anker hinauszurudern. Ich präparierte das Geschirr und wollte mich eben einschiffen, als ein drohender Ruf meine Fährjungen aufschreckte und sie sich eilig und mit gesenkten Köpfen von der Tanja abstießen.

Jochens ersehnter Gesprächspartner war soeben aufgetreten. Hafenmeister Pedersen mit schneeweißer Mütze, acht goldenen Knöpfen und einem blitzenden Fahrrad stand vor ihm. In völliger Verkennung dieses unfreundlichen Aktes unterstellte sich Jochen sofort der Autorität des Hafenmeister und begann mit ihm in aller Bierruhe ein gemütvolles Gespräch. Ich stand derweil mit dem zentnerschweren Anker in der

Hand an Bord wie ein abservierter Platzhirsch. Als ich in dieser Stellung einige Minuten dem mir unverständlichen Redefluß gelauscht hatte, erlaubte ich mir, mich, den Anker und das Schiff in Erinnerung zu bringen. Mein Ton entsprach offenbar nicht ganz dem, der Jochen geboten erschien, denn er atmete schwer durch und wurde nun beim Übersetzen unausstehlich devot. Aber seine Liebenswürdigkeit nützte nichts mehr. Meister Pedersens Antwort ging direkt an meine Adresse. Erstens sei es nicht üblich, daß Gäste fremde Dingis requirieren und damit dänische Kinder der Gefahr des Ertrinkens aussetzten. Zweitens brauchte hier niemand ein Boot zum Ausbringen des Heckankers. Man pflegte sich einen kleinen Schubs zu geben . . .

Drittens sei ich kein Kapitän, sondern im Höchstfalle Skipper. Jochen übersetzte stockend und verlegen, aber es gab nichts mehr zu beschönigen. Zorn verschlug mir die Sprache. Jedoch statt mich nun zu beschwichtigen, setzte Jochen seine Unterhaltung mit dem Hafenboß ruhig fort, sich und mich möglicherweise noch entschuldigend. Ich begann an Jochens Erfolg zu zweifeln und ließ mich von Jung-Danmark zu Fuß zum Eigner der Jolle führen. Köbmand Christensen wohnte gegenüber. Er lieh sie mir sofort. In schweigendem Triumphzug wurde daraufhin der Heckanker ausgefahren. Weiter als alle anderen und sogar weiter, als ich es je vorhatte. Es war unser Glück.

Wenige Stunden lief Skipper Krull mit seinem grünen Kümo «Veisnes» in den Hafen. Es lagen jedoch einige Gästeyachten an seinem Ladeplatz. So stoppte er die Maschine, trat aus seinem Ruderhaus, um die Segler zu verscheuchen. «Verhol Di!» heißt das auf Deutsch. Kein Segler hört diese Aufforderung mit Freude. So dauerte das Verholen eine gute Weile. Skipper Krull zeigte sich geduldig. Der auffrischende Südostwind jedoch nicht. Er drückte die «Veisnes» unaufhaltsam achteraus und auf unsere Ankerleinen. Zu spät ließ Krull seine Maschine vorausgehen. Denn nun faßte die Schraube alle Ankerleinen wie ein Mähdrescher die Halme auf dem Feld, bündelte sie zu einer Garbe, am einen Ende die Anker aus dem Grund brechend, am anderen Ende die Boote mit sich schwenkend. Wie Lianen legten sich die bunten Nylontaue um Schraube und Welle. Manöverunfähig trieb die «Veisnes» gegen den Kai. Eilig lösten unsere Nachbarn ihre Ankerleinen von ihren Achterdecks und brachten neue Leinen zur Tanja aus; denn einzig Tanjas dicke Sisal-Ankerleine hatte sich dem Zugriff der «Veisnes» entzogen. Wir blieben nicht nur unbehelligt, sondern fanden uns jäh mitten in dem Wirrwarr auf einem vorzüglichen Proszeniumsplatz, während sich das Hafenvolk neugierig auf den Stegen drängelte.

Als die «Veisnes» schließlich ihr Loch gefunden hatte, verholten sich alle Yachten schleunigst aus ihrer Umgebung. Niemand verspürte noch Neigung zum Heckankern. Auch Meister Pedersen empfahl niemand mehr seine «Schübse»! Einzig die Tanja steckte einsam ihr breites Heck in die Nacht. Leise plätscherten die Wellen gegen die Bordwand. Unter Deck erklärte der neuernannte «Skipper» seinen staunenden Mitseglern zum zwanzigsten Male die Vorteile seines Ankermanövers.

Marstal lädt zum Träumen ein

Stadt und Hafen sind ein einziges Museum. Offenen Auges kann man von der großen unvergessenen Blütezeit des Ortes träumen. Alles erinnert an die Taten der Väter: die 1200 Meter lange Mole, in vielen Wintern von unbeschäftigten Schiffern errichtet, Werften, die heute noch fast die halbe Hafenlänge einnehmen, drei Schoner-Wracks im Hintergrund, in symbolisch abgestuften Stadien des Verfalls. Das äußerste besteht nur noch aus ein paar spitz aus dem Wasser in den Himmel ragenden Spanten. Warum läßt man sie liegen? Warum schafft man sie nicht fort? frage ich neugierig.

Warum soll man sie wegnehmen? Sie stören doch niemanden! bekomme ich zur Antwort. Es sind Erinnerungsstücke geworden. Die Menschen hängen an ihnen. Sie lieben sie.

Mit welcher Liebe und Bewunderung die Bürger alle Andenken an die glorreiche Vergangenheit verbrämen, das erfuhren wir natürlich erst so richtig im berühmten Seefahrtsmuseum. Der prächtige Kaufmann Christensen und der steinalte Käpten Hansen betreuten zusammen rührend und eifrig das vom Keller bis unters Dach mit Trophäen vollgestopfte Haus. Kostbarkeiten, die jedem Völkerkundemuseum zur Ehre gereicht hätten, wechselten ab mit Kuriosa, und fast täglich trafen neue Spenden ein. Auch heute stapelten sich wieder Pakete auf dem Kassentisch, mit grobem Tauwerk in Ölpapier eingeschlagene Ballen, vor Monaten vielleicht in pazifischen Häfen expediert an das berühmte Museum, zum Ruhme der Seefahrt, zum Ruhme Marstals und auch ein bißchen zum eigenen. Denn noch versprachen die eifrigen Kustoden jedem Spender, alles auszustellen, was geliefert würde. Aber jetzt hielten sie nur noch stöhnend Wort. Wir brauchen mehr Räume, meinte Christensen, während Käpten Hansen bereits ein zweites Museum eingerichtet hatte. Eine Reihe kostbarer Zeichnungen, Fotos und Briefe beherbergt er ambulant in seiner Brieftasche. Vor jedem Besucher wird der Inhalt mit zittrigen Händen sortiert und aufgeblättert, bis schließlich eines der Dokumente zur Besichtigung freigegeben wird.

Auf vielen Bildern paart sich der Stolz des Seemannes mit dem des Marstaler Schiffsbauers. Da sieht man verwüstete Schonerdecks, zersplitterte Planken, unentwirrbare Knäule von Wanten, Fallen und Schoten. Und mitten dazwischen stehen die Reeder, die Kapitäne und die Erbauer, in schwarzen Sonntagsanzügen, hohen weißen Kragen und steifen Hüten, als gälte es, ein Fest zu feiern.

Aber war es nicht auch ein wirkliches Fest, wenn so ein von der See geschundener Windjammer doch noch den Hafen erreichte? Wenn sein wehrloser Rumpf doch noch den endlosen Brechern standhielt, bis vielleicht ein Notmast anstelle des gekappten Rigs aufgerichtet werden konnte? Oder auch solange, bis endlich ein Schlepper zur Stelle war? Ja, das war ein Triumph! Ein Triumph für die Ausdauer der Seeleute ebenso wie für die Gewissenhaftigkeit der Schiffbauer, jener Handwerker, die sich hier in Marstal so erfolgreich niedergelassen hatten.

Vor uns längs des Bootshafens und im Schatten hoher alter Bäume sitzen ihre ältesten Vertreter grüppchenweise auf weißen Bänken und schauen hinaus über die Mole, hinter der ab und an ein Mast vorübergleitet, einkommend, auslaufend oder nur vorüberfahrend – ihnen ist es gleich. Ein bißchen gibt es immer zu sehen, und wenn es nur die Sportboote der Gäste sind, die für den täglichen Wechsel des Bildes sorgen. So sind die Bänke von morgens bis abends gut besetzt. Geht einer der Alten zur Brotzeit nach Hause, so halten ihm die anderen den Platz frei, bis er wiederkommt in seiner dicken Leinenhose und einer weißen Jacke, sein Pfeifchen neu stopft und entzündet oder auch nur den Seewind schnuppernd, vermischt mit dem leichten Brackwassergeruch des Hafens.

Wie kaum ein anderes Volk der Welt hängen die Dänen an ihrer Vergangenheit. Gutes und Böses wird gleichermaßen im

Gedächtnis bewahrt. Vielleicht tun sie das in dem Bewußtsein, daß das Gute verdient, festgehalten zu werden, und die Erinnerung an das Schlimme auch ihr Gutes hat.

So bestücken die Dänen ihr ganzes Land mit Gedenksteinen. Dekorative Findlinge liegen überall herum. Steinmetze sind leicht zu finden, wenn es gilt, etwas für die Nachwelt zu schaffen. Marstal besitzt allein am Hafen drei große Gedenksteine. Der mächtigste und älteste «Mindesten» ist natürlich Marstals origineller Handarbeit gewidmet, dem Hafen, der nicht nur seine privaten Erbauer überlebt hat, sondern auch alle Flotten und blühenden Reedereien.

Parkartig umgeben, erinnert ein kleiner Obelisk an den Ersten Weltkrieg. Er unterscheidet sich in nichts von den Denkmälern, die in Parks und auf Plätzen unserer Städte an jenen Krieg erinnern. Zeugen eines europäischen Familienzwistes, an dem teilgenommen zu haben, auch dem Verlierer noch als Ehre angerechnet wurde.

Der dritte Stein erinnert an den letzten Krieg. «Wilde Bestien» hätten das Land überfallen, stand dort geschrieben. Als Jochen uns den Text vorgelesen hatte, gingen wir schweigend und ein wenig beklommen von dannen. Was hatten deutsche Soldaten hier verbrochen, daß man dem Stein ein solches Schimpfwort einmeißelte? Wir ahnten es nicht. Wir spürten nur, wie gleichsam eine Wolke das sonnige Bild Marstals verdunkelte. Wenn eine Gemeinde eine doch offensichtlich vom Haß diktierte Inschrift so demonstrativ an ihrer Pforte anbringt, muß sie sich dann nicht mit diesem Haß auf alle Zeiten identifizieren? Können wir uns, als Nachfolger dieser «Bestien», hier noch wohlfühlen? Ein wenig bedrückt durchwanderten wir die liebliche Stadt. Ein Geist der Unversöhnlichkeit hatte uns angeweht und wollte uns nicht wieder verlassen. Erst am späten Abend löste Kaufmann Christensen unsere Befangenheit. Das Denkmal rühre aus einer anderen Zeit. Und wie jeder Zeitgeist, hätte sich auch dieser längst gewandelt. Unserem Unmut begegnete er mit einem angedeuteten Lächeln, der Stein sei schließlich ein Gedenkstein.

Wo Schiffe noch gezimmert werden

Was ist noch übriggeblieben von den stolzen Werften Marstals?, fragt man sich, wenn man das Museum verlasen hat und an die Mastenwälder denkt, die vor hundert Jahren zum allwinterlichen Bild des Hafens gehörten. Jespersens Stahlschiffswerft!, heißt es dann sofort, die älteste Werft am Platze. Aber mit einer Stahlschiffswerft konnte man uns, die wir aus Hamburg kamen, nicht imponieren. Wir wollten wissen, ob noch Kutter aus Holz gebaut würden, sehen, wie alles mit der Hand gemacht wird, wo die hellen, rohen Spanten mit Schrotsägen zugeschnitten werden, wollten Harz und Teer riechen und keine Schweißbrenner. Wir hatten Glück. Ein Kutter war in Bau, schon fast aufgeplankt. Vier Männer paßten gerade die oberste Planke an den Rumpf, setzten sie ab, hobelten ein wenig am Stoß, dann an der Naht, setzten das zentnerschwere Stück erneut an seinen Platz, nahmen es noch einmal herunter, bis es schließlich genau mit den Nachbarstücken abschloß. Mit dumpfen Schlägen trieb ein Geselle die ersten Nieten in das

Holz. Langsam kletterten die Männer vom Gerüst herunter, machten sich an die nächsten Stücke, die bereits auf Schablonen an der Erde parat lagen. Ein rotbäckiger Blondschopf mit mächtigen Pranken und muskulösen Armen fand sich zu einem Gespräch mit uns. Der Kutter ginge an einen Islandfischer, erzählte er. Ja, die Fischer nähmen immer noch am liebsten Holzschiffe. Beim langsamen Fahren während der Arbeit erwiesen sie sich als elastischer. Auch hielte sich Fisch in Holzkuttern besser. Ein Kutter kostete etwa 500 000 Kr. Eine stattliche Summe. So kämen die Aufträge meistens auch von Fischergruppen oder -familien, die sich eigens für den Erwerb eines Bootes zusammenschlössen. Die Werft könnte pro Jahr zwei Kutter abliefern. Wenn Aufträge vorlagen, wie in diesem Jahr, stand die Arbeit der vier Männer im Zeichen eines beneidenswert festen Rhythmus. In jedem Handgriff, jedem Hammerschlag, jedem Axthieb steckte die Erfahrung vieler Generationen. Alles schien Routine. Und doch spürten wir beim Zuschauen eine allgegenwärtige, wache Verantwortung der Handwerker für Material und Werk. Ich beneidete die Männer in den braunen Manchesterhosen und den ausgetretenen Sandalen. Sie konnten an jedem Tag ihr Pensum mit den Augen schauen, konnten am Wachsen ihres Schiffes die Tage, Wochen und Monate ablesen wie auf einem Kalender. Sie sahen den Bau unter ihren Händen und über ihren Köpfen zu einem Ganzen werden. Immer aber blieb er überschaubar für jeden von ihnen. Jeder kannte jedes Werkstück und wußte, was sein Nachbar tat, wußte auch, daß seine Arbeit ständig von den anderen gesehen würde.

Auf dem Slip der anderen Werft lag ein gewaltiger Schoner. Seinen uralten Rumpf hatte man über alle Borken, Krusten und Beulen hinweg dick geteert. Die Abendsonne spiegelte sich vielfältig im glänzenden Pech. Davor auf dem zerstampften Boden lag die ausgefierte Ankerkette, ein rostrotes flaches Geviert, hin und her, her und hin. Ringsherum ein undefinierbares Durcheinander von morschen Planken, demontierten Aufbauten, Leinen und Drähten, umgestürzten Farbtöpfen und Leitern. Wir stelzten an den Schienen entlang, bis wir unter dem Heck standen. Weiß und rot und golden bemalt schaute es wie ein Thron hoch über unsere Köpfe, den Hafen und die Mole, hinweg aufs Meer. Es schien Sehnsucht zu haben, sich wieder im Brackwasser ferner Häfen zu spiegeln oder achterlicher Gischt zu trotzen.

Hoch über uns schlug ein Hund an, trippelte wohl hinter dem hohen Schanzkleid deckauf, deckab, lauschte unseren Stimmen, schlug erneut an, verstummte endlich. Wir waren es nicht, die er erwartete, die Spielen, Landgang oder sogar Weiterreise bedeuten konnten.

Unter Aufsicht über die «faulen Gründe»

Schon als Kind hatte ich zum Verdruß meiner Eltern gern einsame Entschlüsse gefaßt. Später waren es meine Lehrherren, meine Chefs, schließlich Kollegen und Untergebene, die darunter zu leiden hatten. Ich selbst hatte mich so daran gewöhnt, daß ich mir nicht vorstellen konnte, sie einmal ablegen zu müssen. Christel räumte jedoch im Handumdrehen mit diesem absolutistischen Brauch auf. Sie sagte mir jedesmal, wenn ein Entschluß sich als undurchführbar erwies oder fehlzuschlagen drohte, nachträglich ihre nichteingeholte Meinung, bis ich eines Tages begann, sie vorher um Rat zu fragen.

Als ich mir die Tanja gekauft hatte, schien eine strahlende Epoche einsamer Entschlüsse anzubrechen. Aber nun? Nun war sogar die Zeit vorbei, wo ich als Skipper die Startzeit bestimmen durfte. Jetzt wurde jedesmal ausführlich über das Wann und Warum palavert. Hitzige Diskussionen ergaben sich besonders dann, wenn ich das Ziel des nächsten Tages als nah bezeichnete und also vom frühen Aufstehen abriet, wie jetzt in Marstal. Seekarten, Segelhandbücher und Reiseberichte aus verschiedenen Jahrhunderten mußte ich aufbieten, um Christel zu erklären, daß wir die acht Meilen nach Rudköbing durchaus in zwei Stunden zurücklegen könnten. Jochen und Silke lockte die Hoffnung auf ein sanftes Ausschlafen aus der Reserve. Sie sekundierten mir zögernd.

«Wenn wir aber kreuzen müssen?» war Christels letztes Argument.

«Gut! Ich werde morgen um 5 Uhr nach dem Wind sehen. Machen wir's davon abhängig.» Mit scheelem Blick willigte Christel ein, wissend, daß ich diesmal gesiegt hatte. Denn bei morgendlichen Abstimmungen pflegte sie immer zu unterliegen. Konversation vor dem Kaffee war ihr verhaßt. Der Morgen gehörte mir.

Der Morgen des Abreisetages empfing den im Pyjama über das taunasse Deck stelzenden Skipper der Tanja mit einem frischen Südostwind. Wir konnten uns Zeit lassen. Hätte ich allerdings geahnt, welch schwieriges Ablegemanöver mir der SO abverlangen würde, so hätte ich sicher nicht mit dem Aufbruch bis zu den zuschauer-reichen Stunden des späten Vormittags gewartet. So gaben wir uns einem üppigen Frühstück hin, dem eine ausgiebige Abwaschprozedur folgte. Mittelschwere Putzarbeiten meiner Frau scheuchten mich zeitweilig ganz von Bord. Als schließlich unter Deck kein Krumen, kein Flecken und überhaupt gar nichts mehr am falschen Platz zu sehen war, versammelte ich meine Crew im Cockpit, um ihr zu erklären, wie ich abzulegen gedachte. Der Wind drückte auflandig gegen den Steg. Wir wollten den Bug weg zum Heckanker drehen, dort Segel setzen und dann den Anker in dem Augenblick aus dem Grund brechen, wo der Bug der Tanja nach Norden, also ins Hafenbecken hinausschwojen würde.

Schiff und Mannschaft zeigten sich auch durchaus willig. Allein als die Ankerkette auf und nieder zeigte, machte mir die Strömung einen Strich durch die Rechnung. Sie drehte die Tanja auf Südkurs. Da nützte kein Fluchen und kein Schlenkern mit der Ankerkette. Jedes Bewegen des Ankers trieb die Tanja nur noch ein Stückchen näher an die Brücke, machte den Platz für die unvermeidliche Halse noch kleiner.

Am Ufer begann man sich langsam für uns zu interessieren. Die Alten auf den Bänken hoben die Köpfe. Um nicht noch mehr Zeit und Raum zu verlieren, holte ich mit Jochen zusammen in Sekundenschnelle den Anker an Deck und drückte mit backgestellter Fock den Bug der Tanja in die schmale Einfahrt zum Jollenhafen. Dort wollte ich eine Kuhwende versuchen. Friedlich lagen dort die offenen weißen Boote dicht bei dicht an kleinen Pfählen und die Gefahr nicht ahnend, die jetzt vierkant auf sie zuschoß. Ich fuhr den Bogen so weit wie irgend möglich aus, fast schrammten wir mit dem Heck die Pfähle, dann schlug ich die am Waschbord belegte Pütz backbord ins Wasser und stieß Jochen mit einem leise gezischten Ruf «Fock back!» fast vom Vorschiff. Der gute Junge renkte sich beinahe den Arm aus, aber es hatte Erfolg. Die Tanja scheute wie ein störrischer Esel, drehte jäh nach Backbord ab und passierte mit langsamer Fahrt den Kreis der weißköpfigen Pfähle in handbreitem Abstand. Erst als die Einfahrt vor ihr lag, konnte Jochen die Fock fahren lassen, die Leeschot geholt und die Pinne mittschiffs gebracht werden. Eine Ehrenrunde nach Maß. Schade nur, sinnierte ich zurückblickend und mir den Schweiß von der Stirn wischend, daß Staerke Pedersen nicht zugeschaut hatte.

Der Weg von Marstal nach Norden verlief zunächst schnurgerade wie ein Stichkanal. Tonnen säumten ihn, wie Bäume eine Chaussee. Mehrmals am Tage hatten wir das schwarze Fährschiff von Rudköbing zwischen den perspektivisch verkürzten Tonnenreihen schwerfällig kommen und gehen sehen. Das alte, flachbordige Vehikel erinnerte sehr an einen jener monströsen Mississippi-Dampfer aus dem vorigen Jahrhundert. Jedenfalls hatte es nicht Modell gestanden für eines der zahllosen Plakate, auf denen schnittige weiße Fährschiffe blaue Wogen pflügten und zum Besuch Dänemarks einluden. Und in der Tat schauten seine Fahrgäste auch nicht aus wie Seereisende, sondern mehr wie Überlandfahrer, wie Nachbarschaftsbesucher, die unterwegs waren vom Dorf in die Stadt oder von einem Dorf ins nächste. Bäuerinnen mit Eierkörben. Arbeiter mit Fahrrädern, Schulkinder, Vertreter. Eine buntgescheckte Versammlung, die die Planken des Fährbootes betrat wie eine Trambahn, gelassen eine pünktliche Beförderung erwartend.

Wenn der Fährmann vom Brückendeck herab dem ländlichen Treiben auf seinem Schiff zuschaute, mußte es ihm dann nicht schwerfallen, sich noch als Seemann zu fühlen? Für die Mehrheit ihrer Passagiere war die Fähre nur eine Art Klöhnbude und er der Verantwortliche für die geduldige Mitnahme von Nachzüglern und weiche Anlegemanöver. Die Fahrt selbst schien abwechslungslos, eintönig. Doch entlang des Weges lauerten unsichtbar zahlreiche Untiefen, jene von vielen seefahrenden Generationen gefürchteten «faulen Gründe» zwischen Ärö, Taasinge und Langeland. Keine dänische Fähre befuhr engere und flachere Gewässer. Schon 1612 titulierte Willem Janszoon Blaew in seinem grandios-trockenen Buch «Light of Navigation» diese Gegend als «the foul grounds» und warnte eindringlich vor ihnen. Er hatte allen Grund dazu, denn damals gab es noch nicht einmal eine regelmäßige Betonnung. Die Bewohner der umliegenden Inseln hüteten sich, die Durchfahrten exakt zu bezeichnen. So hielten sie sich ungebetene Gäste vom Leib, Lotsen und Strandgutsammler fanden ein Auskommen.

Erst 1784 nahm man gegen den heftigen Widerstand vieler Bürger Ausbau und Betonnung der Rinnen in Angriff. Marstals große Zeit begann. Das war die Zeit der Schoner, also jener Segelschiffe, mit denen man recht gut kreuzen konnte, die aber bei widrigen Winden angesichts dieser schmalen Durchfahrten völlig hilflos waren. Lag ein Schoner vor der Küste und konnte nicht herein oder saß er wohlmöglich schon auf Grund, so wurden im Hafen Ruderboote bemannt, den Einkommenden durch Flaute oder gegen Wind und Strom hereinzuschleppen. Wenn die Ruderer es nicht schafften, fuhren sie längs der Rinne Warpanker an langen Ketten aus. Mit Winschen kurbelte die Mannschaft dann ihren Schoner von den Sänden herunter ins tiefe Wasser. Jeder Hafen in weitem Umkreis ließ sich leichter erreichen als Marstal. Nur ein außerordentlicher Gemeinsinn konnte das Wunder einigermaßen erklären, daß die Marstaler Schiffer und Bürger länger als ein Jahrhundert sich Lust und Ausdauer bewahrten, ihre Schiffe so mühevoll über die Gründe zu bugsieren. Und sicher war es jedesmal ein Fest, wenn einer der vielen hundert Schoner endlich im Hafen festgemacht hatte. Niemand stand an der Pier, der nicht irgendetwas dazu beigetragen hatte.

«Leave the Foule Grounds Sideways from You!»

Unter Christels strenger Aufsicht hakte ich die Tonnen von der Seekarte ab. Besen, Kreuz, Besen, Kreuz, wie es das Royal Danish Office befahl. Beim Doppelkreuz wendete die Tanja ihren Bug gehorsam gen Osten, kehrte der lieblichen Insel Ärö das Heck zu. Wieder Kreuz, Spiere, Kreuz, Besen, Spiere, Doppelbesen und dann – nichts mehr. Nur noch freies Wasser. Auf seiner weiten Fläche zeichnete sich einzig das letzte Kielwasser der Fähre hell und glatt ab. Aber Wind und Strömung hatten es in stundenlangem Wechselspiel zur Unkenntlichkeit verbogen und versetzt. Das war nicht unsere Straße. Christel wollte sofort wissen, wie es nun weiterginge und was mit den Tonnen los sei. Ich sah eine Chance, für meine eigene und die Unterhaltung meiner Crew zu sorgen. Anstelle einer präzisen, gab ich eine ausweichende Antwort. Ich wüßte eigentlich auch nicht recht usw. Sofort verbreitete Christel Unruhe über die ganze Tanja. Silke und Jochen blieb nichts anderes übrig. Sie mußten die bereits genüßlich entfalteten Literaturen beiseite legen und ihr Augenmerk auf Fernsicht einstellen. Die eben noch pharmakologischen, KFZ-technischen und wie auch immer gearteten Unterhaltungen ebbten ab und wichen nautischen Disputen. Welchen Skipper freut das nicht? Ich nutzte den seltenen Augenblick erhöhter Aufmerksamkeit und erzählte meiner Crew von Willem Blaew, wie er vor über 300

Jahren mit der Akribie eines Buchhalters auch diese Gefilde vermessen und seinen Zeitgenossen die Kurse beschrieben hatte:

You may runne through betweene langheland and Arr north about and come into the Belt again by Nyburgh. From the south ende of Langheland to Tassinge it is north & by west seven leages. You may sayle about Tassinge on both sides, and leave Arr and the foule grounds sideways from you, upon the foule grounds it is no deeper then six fathomes.

Aber das war nichts für meine Frau. «Foule Grounds! Foule Grounds!» rief sie ärgerlich. «Wären wir bloß nicht hierher gefahren!»
«Sechs Faden tief! Weißt du, wieviel das ist?»
«Das will ich gar nicht wissen. Zeig mir die nächste Tonne! Dann bin ich zufrieden.» Ich war froh, Christel die Antwort schuldig bleiben zu dürfen, denn entweder war Mijnherr Blaew im Jahre 1612 als eine Art Triton auf einer 5 Meter hohen Flutwelle über die faulen Gründe geritten, oder er hatte sich von Strandguträubern bestechen lassen. Denn sechs Faden sind mehr als zehn Meter. Hier unter dem Kiel der Tanja gab es aber nur knapp fünf Meter Wasser.
«Stell dir ein großes tiefes Binnenmeer vor!» ermunterte ich Christel.
«Erst redest du von schwierigstem Fahrwasser, und jetzt soll ich an tiefes Wasser glauben.»
Endlich nahte Schützenhilfe. Hinter Strynö tauchte die Fähre auf. Sie hielt in stumpfem Winkel auf uns zu.
«Schau mal voraus, wo sich unsere Kurse treffen!» ermunterte ich Christel. Mißtrauisch wandte sie den Blick in die angegebene Richtung.
«Ein Tor! Ein Tor!» rief sie begeistert und dann plötzlich kühl zu mir: «Sag mal, hast du die ganze Zeit schon auf das Tor zugehalten und uns suchen lassen wie die Verrückten?»

«Erstens habe ich nach dem Kompaß gesegelt, und zweitens ist das kein Tor!»

«Natürlich ist es ein Tor! Eine dicke und eine dünne Tonne – wenn das kein Tor ist? Nun tu doch einmal das, was ich dir sage und segele da durch!»

Ich tat es und die gutmütige Tanja tat es auch, obwohl es wirklich recht eng war zwischen der Besen- und der Glockentonne, die beide «südlich Strynö» lagen und beide an Backbord hätten gerundet werden müssen. Aber die Stimmung war gerettet.

Stadt hinter dem Strom?

Wir gingen auf NO-Kurs. In gleicher Richtung verlief auch vor uns die Westküste Langelands. Wie ein Teleobjektiv schob das Auge ihre Konturen zusammen. Neben-, ja fast übereinander erschienen die Wälder vor Faarevejle, die Türme Rudköbings und die Langelandbrücke. Die neue Brücke! Ein schmaler grauer Strich spannte sich auf 20 dünnen langen Beinen von Insel zu Insel, ein Riegel zwischen Himmel und Wasser. Da erhob sich nun vor uns dieses große Betonskelett, ein Triumph der Technik. Seine Schatten lagen ihm zu Füßen: Von den Anlegeplätzen an beiden Ufern, wo sich noch im Vorjahr alle Menschen trafen, die hinüber wollten, sich sammelten, warteten, wo die Fähren in stetem Wechsel ihre Bahn zogen, hatte das schmale Asphaltband dort oben alles Leben absorbiert, hatte Mensch und Tier, Wagen und Frachten aufgesogen wie ein riesiger Staubsauger, hatte sie alle erhoben in die unentrinnbare Anonymität von Fließbandartikeln.

Wir passierten die leeren Hafenbecken und machten im Bootshafen fest. In akkuratem Geviert dümpelten zahlreiche flache Jollen und Kleinstmotorboote hinter ihren Pfählen. Die Tanja blies sich mächtig auf. Sie war mit Abstand das größte Schiff am Platze. Offengestanden hieß das nicht viel, denn an diesen Gestaden schien nautischer Ehrgeiz erloschen. Ausfahrten der meisten dieser Schlickrutscher standen offenbar unter dem

Motto: Nur ein Viertelstündchen! In idyllischer Gesellschaft ließen wir die Tanja zurück und gingen an Land. Überall auf den Kais, zwischen den Schuppen, in den Fischerkaten herrschte Grabesstille. Keine Seele zeigte sich. Eine Stadt hinter dem Strom. Im Gegensatz zu ihrem literarischen Vorbild besaß Rudköbing jedoch nicht einmal mehr einen Bahnhof. Das langgestreckte Distelfeld, das wir stolpernd kreuzten, war noch vor kurzem ein vielsträngiger Bahnkörper gewesen.

Nun, aller Schienen beraubt, hatte die Fläche etwas Trostloses. Am Ende dieser kleinen Steppe aber erhob sich majestätisch wie eine Burg das wuchtige Bahnhofsgebäude, fürwahr ein Herrenhaus.

Sicher haben die Herren der Langelandschen Eisenbahndirektion oben in der 1. Etage residiert. Und wenn Rudköbing sich nicht an einen Höhenzug anlehnte, hätten die Herren vom 2. Stock aus unschwer von dort den größten Teil ihres Schienennetzes übersehen können, das nun der Brücke zum Opfer gebracht war. Wir standen vor der imposanten Backsteinfront mit dem breiten Portal und dem Wappen über dem Eingang. Eine vergessene Bühnendekoration. Das hundertjährige Eisenbahnspiel war jedoch zu Ende, die Lampen erloschen, die Akteure zerstreut. Für die Kulisse fand sich kein Abnehmer. Einige stumpfnasige Autobusse parkten an den Mauern wie schnuppernde Hunde. Der Wartesaal war noch geöffnet. In einer Ecke in einem Kiosk hinter Pralinen- und Zigaretten-Etageren saß eine Frau und strickte.

Erst im Süden des Hafens, wo sich die langen Speicher von «Langelands Samenkontor» quer über die Kais bis dicht an die Fahrrinne erstreckten, durchbrach Lärm die Stille. In allen vier Stockwerken standen die grünen, bodentiefen Luken offen. Aus ihnen drangen das Sausen der Ventilatoren, das Rattern der Sortiermaschinen und das Hämmern der Heizmotoren. Der Staubgeruch des Getreides stieg uns in die Nase, wir schmeckten ihn auf der Zunge. Die Ernte hatte eben begonnen, und hier jedenfalls gab es für ein Dutzend Männer Arbeit. Ein Lastwagen holperte über die leere Fahrstraße heran, wendete in großem Bogen und ruckte dicht an die Rampe, kippte mit aufheulendem Motor sein Korn in die Siebe und verschwand schon wieder eilig hinter der nächsten Ecke.

Auch hier hatte der Lastwagen den Kampf gegen Schiene und Schiff zu seinen Gunsten entschieden.

Lange schon war die viertlängste Insel Dänemarks ein Sorgenkind des Fiskus. Arbeitslosigkeit und Nachhinken hinter den Inseln Fünen und Seeland forderten jährlich Millionenzuschüsse. Eisenbahn und Häfen mußten hoch subventioniert werden. So biß Kopenhagen schließlich in den sauren Apfel und spendierte sechzehn Millionen Kronen Entwicklungshilfe für den Bau der Langelandbrücke, ließ Eisenbahn und Hafen zum Teil stillegen. Die Geleise kamen erfolgreich unter den Hammer. Für den Hafen wurde jedoch kein Käufer gefunden. Auch die hölzerne Arbeitsinsel erwies sich als unverkäuflich. Nun neigte sie sich langsam in den Schlick. Im Bootshafen nannte man sie Klein-Atlantis und hoffte, daß sie eines Tages ganz untergehen würde.

Pekinesen schauen dich an

Die untersten Häuser der Stadt bilden ein schnurgerades Spalier und machen Stück für Stück Front gegen den Hafen. Hinter ihnen wie hinter einer schützenden Stadtmauer drängt sich das Gewimmel verschachtelter Dächer, mühsam durchwunden von schmalen Gäßchen. Dort, wo das dreistöckige propre Hotel Rudköbing die Stadteinfahrt eigentlich mehr bewacht als zu ihr ermuntert, lenkten wir unsere Schritte auf der leicht ansteigenden Straße stadtwärts. Fast übergangslos umgab uns die Behaglichkeit einer typisch dänischen Wohnstraße. Diese Straßen dienen am allerwenigsten dem Verkehr, sondern in erster Linie dem beschaulichen, ordentlichen und ungestörten Gegenüber der Häuser. Und so bestehen sie im wesentlichen aus niedrigen Fenstern zum bequemen Rein- und Rausschauen, aus Pfosten und Zäunen zum Anlehnen, aus Podesten und Treppchen zum Sitzen, zum Klönen und zum Zuschauen. Autos, die eine solche Straße ohne Unterbrechung von einem Ende zum anderen durcheilen, sind äußerst selten, zu verlockend sind die Gelegenheiten zum Anhalten, beim Bäcker, am Zeitungsstand, vor der Werkstatt, an der Benzinsäule des Krämers. Man hat ja Zeit. Rudköbing schien uns nur aus solchen Wohnstraßen zu bestehen, in denen auch die Zeit stillstand. Alle blitzten vor Sauberkeit und waren bar jeder unnötigen Verzierung und jedes dekorativen Schnipselchens, als hätte gerade ein radikales Großreinemachen stattgefunden. Was aber den Straßen unter dem Himmel fehlen mochte, das staute sich in erdrückender Vielzahl auf den Fensterbänken in den ebenerdigen Stuben. Messinggeräte, Kupferschalen, Tongefäße, Glaskugeln, Porzellantiere. Ja hauptsächlich Porzellantiere. Unter diesen dominierten natürlich Pekinesen-Pärchen aller Größen und Schattierungen. Über die Mode, Fensterbänke mit Porzellan-Hunden zu schmücken, sind widersprüchliche Geschichten zu hören. Seeleute haben sie mitgebracht. Aber nicht aus China, sondern vom nahen England. Dort war dem ältesten Gewerbe lange Zeit auferlegt, das zu tun, was Klein Erna unter platonisch verstand. Aber ganz ohne Geld konnte auch in den guten alten Zeiten niemand leben, und möblierte Damen schon gar nicht. So richteten findige Köpfe einen Groß-Import von Porzellanhunden ein. Wirtinnen gewisser Quartiere kauften die Hunde en gros und verkauften sie ihren möblierten Damen sozusagen in Form einer Mietbeihilfe weiter, nicht ohne die Empfehlung, beim Endabnehmer ordentlich aufzuschlagen. So wurde aus dem billigen Massenartikel sozusagen über Nacht ein teures Souvenir, mit dem sinnige Fahrensleute ihre ahnungslosen Ehefrauen beglückten. So eroberten Pekinesen-Pärchen die Fensterplätze aller europäischen Häfen zwischen Le Havre und Haparanda. Und sie behaupten sich dort noch heute als Zierden des trauten Heims, von Generationen behütet und gepflegt. Dennoch ist kaum anzunehmen, daß damals nicht schon sehr schnell ruchbar wurde, welchen Geschäften die Tierchen ihre Verbreitung verdankten. Wenn die genasführten Frauen sie daraufhin nicht samt und sonders an den Schädeln ihrer treulosen Männer zerschlugen, lag das sicher nicht an mangelnder Moral, sondern an der Macht der Mode. Ohne Pekinesen-Paar auf dem Fensterbrett war eine echte Seemannsfrau damals nicht zu denken. Und ging mal ein Hündchen kaputt, so wurde der Mann vielleicht sogar angehalten, auf der nächsten Reise Ersatz zu besorgen, falls er nicht schon für Vorrat gesorgt hatte.

Unter dem Stundenschlag

Wir kamen zur Kirche. Auf den Segler üben Kirchen besondere Anziehungskraft aus. Schon weit über das Wasser markieren sie ihm den Kurs oder, als in Aussicht genommenes Ziel, bedeuten sie ihm: Ich bin die Mitte einer Gemeinde, hier haben Menschen ihr Zuhause, hier kannst du verweilen und ihre Gastfreundschaft wird auch dir gelten. Es schwingt da noch ein bißchen mit von dem bestimmten Gefühl des Vertrauens, das in alter Zeit Reisende empfanden, wenn sie Fremden begegneten und «brave Christenmenschen» erkannten. Im Gegensatz zu den evangelischen Kirchen Deutschlands halten die dänischen, was ihre Türme dem Segler versprechen: Sie sind die längste Zeit des Tages geöffnet. Auch Rudköbings schneeweiße romanische Kirche nahm uns vier still und freundlich auf. Wir vergaßen die schwankende Tanja, vergaßen auch den forschenden Blick zu den Wolken und verbrachten eine Weile stiller Besinnung, jeder auf seine Weise: Christel in Bewunderung einiger blanker Messinggeräte, Silke mit dem Bestimmen eines Ölbildes, Jochen linguistisch vertieft in eine Grabkalligraphie zu unseren Füßen und ich in Bewunderung eines über uns schwebenden Schiffsmodells ... Auch der Turm war zugänglich. Die Aussicht aber lohnte nicht, da unsere Kletterpartie bereits auf dem Glockenboden ein Ende fand. Beim Abstieg trafen wir unten den Küster. Er hatte gerade das Ende des Glockenseils von der Wand gelöst. Es schleifte über den Lehmboden in die Mitte des Raumes und verharrte träge senkrecht unter dem kleinen kreisrunden Loch in der Decke, wo das obere Ende unseren Blicken entschwand. Wir umstellten neugierig den Küster. Als hätte er auf diesen Augenblick – und nicht auf den Zeiger der Uhr – gewartet, begann er bedächtig am Seil zu ziehen. Doch noch blieb alles still. Nur das regelmäßige Auf und Nieder des Seils verriet das Schwingen der unsichtbaren Glocke über uns. Eine stumme Zwiesprache zwischen Küster und Glocke, zwischen Impuls und Rhythmus.

Bei jedem Zug wurde das Hanfende, das sich sekundenlang auf dem Boden ringelte, ein Stückchen länger. Da griff der Küster plötzlich mit beiden Händen ins Seil und beendete das stumme Vorspiel. Mächtig schlug uns vom Kirchplatz der erste Ton der Glocke durch die offene Tür entgegen. «Ist das unsere Glocke?» fragte ich überrascht, so selbständig, so abgehoben von den gleichmäßigen Armbewegungen des Küsters schien mir der ferne Klang. Der alte Mann lächelte zustimmend, als ich nach dem Seil griff. Er ließ mich zweimal ziehen, dann griff er wieder zu, um das Gleichmaß der Klangstärke zu erhalten. Aber schon in diesem Augenblick hatte ich gespürt, wie mich der Rhythmus der Glocke in seinen Bann zog, wie ich unmittelbar teilhatte am Zeitmaß der Gemeinde, deren Leben und Treiben sich seit Jahrhunderten unter den Tönen dieser Glocke vollzog.

Mars, Merkur und eine Mühle

Beim Abschied empfahl uns der Küster, zur Mühle hinaufzugehen. Von dort könne man weit ins Land schauen. Sie war kaum zu verfehlen. Hell und frei saß sie wie ein Bollwerk auf dem höchsten Punkt der Stadt. Mehr haltgebietender Turm als geschäftiger Umschlagplatz. Das, was sich uns als Mühle präsentierte, hatte allerdings nie fröhlich geklappert. Als Symbol der Getreidehändlerstadt war sie erst in jüngerer Zeit entstanden. Eine Restauration auf Trümmern einer Festungsanlage.

Dänemarks vielgeliebter und unermüdlicher Bauherr, Christian IV., wollte auch aus Rudköbing eine Festung machen. Aber die Bürger, seit Jahrhunderten auf Merkur eingeschworen, wollten Mars nichts opfern. Fünfzehn Jahre lang verhinderten sie die Aufrüstung. Dann kam Mars zu seinem Recht. Anders allerdings als erwartet. Leichtsinnig brach Christians Sohn, Friedrich III., 1658 einen Krieg mit den Schweden vom Zaun. Karl X. Gustav eilte wutentbrannt aus Deutschland herbei und überzog Friedrichs armen Inselstaat mit Krieg. Ein kalter Winter hatte alle Gewässer einschließlich des Großen Belt mit dickem Eis überzogen. Das schwedische Landsknechtsheer hatte leichtes Spiel. General Carl Wrangel erschien zu Fuß vor Rudköbing. Es ergab sich ihm fast kampflos. Zum Dank dafür brannte er 147 Häuser nieder. Drei ließ er stehen. Wahrscheinlich, um selbst darin zu wohnen. Er war es seinem Namen schuldig und vom 30jährigen Krieg her so gewohnt, in fremden Landen reinen Tisch zu machen. Aber schon fünf Monate später kam Gegenorder von seinem Obersten Kriegsherrn. Rudköbing sollte wieder aufgebaut und befestigt werden. Ein Wrangel schien sich aber nur auf das Ausradieren und nicht auf den Wiederaufbau zu verstehen. Denn damit wurde ein Herr Schwengl im Majorsrang beauftragt. Für solche niedere Arbeit waren Generäle offenbar schon damals zu schade. Immerhin, unser Major leistete ganze Arbeit. In kürzester Zeit waren Stadt und Feste Rudköbing neu erstan-

den. Was Christian IV. nicht fertiggebracht hatte, das gelang einem unbekannten kleinen Major. Erinnern wir uns an den Satz von Heraklit: «Der Kampf ist der Vater aller Dinge, aller Herrscher ist er ..., die einen macht er zu Sklaven, die anderen zu Herren.» Was Rudköbings Bürger als Herren nicht tun wollten, das mußten sie nun als Knechte ausführen.

Auf Schwengl folgte ein englischer Landsknecht namens Reames als Besatzer. Er verkörperte das letzte Aufgebot des Schwedenkönigs. Denn das Kriegsglück wandte sich von seinem Herrn ab. Der 38jährige Karl X. Gustav mußte die Belagerung Kopenhagens aufgeben und sich nach Göteborg zurückzuziehen. Kaum hatte das letzte Fähnlein seines Heeres den Sundstrand verlassen, da schwärmten die dänischen Ritter aus, um alle anderen Städte und Inseln von feindlichen Besatzern zu säubern. Mit Mr. Reames hatten sie leichtes Spiel. Er sah sein schwedisches Dienstverhältnis als gelöst an und kapitulierte.

Für Rudköbing war der Krieg damit beendet. Und auch die Geschichte der Festung Rudköbing besteht nur aus diesem einen Kapitel, in dem sie die erste und letzte Chance einer Feuerprobe verpaßt hatte. So sehen die Bürger in ihrer Stadtmühle mit Recht ein Zeichen des Friedens. Vom oberen Rande der Stadt schaut sie hinab auf graue Schiefergiebel, Speicher, auf die Brücke und die Inseln Siö, Taasinge und Strynö im Westen und im Osten auf Gemüsegärten, Felder und Wiesen. Vom Hafen ist hier nichts mehr zu spüren. Wer sich von hier oben noch gelegentlich einmal zum Hafen verirrt, tut es nur noch, um mit der Fähre nach Ärö zu fahren oder um mit der Jolle ufernahe Aalreusen zu inspizieren. Das aber hat mit Seefahrt nichts mehr zu tun.

Ein generöser General

Ich habe eine Passion für historische Bauwerke. Leider wohnen wir in einer Stadt, in der stets auf die zeitgemäßeste und im Laufe der Jahrhunderte immer perfektioniertere Art aufgeräumt wurde. Überschwemmungen, Brände, Sanierungen, Bombadierungen und Stadtplanung markieren den Weg meiner Heimatstadt zur modernen Großstadt. So muß ich mich schadlos halten auf meinen Reisen. Christel zeigt dabei eine rührende Solidarität. Bei strapaziösesten Besichtigungen weicht sie nicht von meiner Seite, läßt sich alles willig erklären.

Jochen und Silke liebten schon immer alles, was mit Dänemark und insbesondere mit H. Chr. Andersen zu tun haben könnte. So war es mir ein leichtes, meine Crew für das Märchenschloß Tranekär zu erwärmen. Doch kurz vor unserem Ziel türmten sich unerwartete Schwierigkeiten auf. Unsere Frage nach den Busverbindungen zum 12 Kilometer entfernten Schloß beantwortete Buchhändler Christiansen nur mit einem mitleidigen Lächeln. Das ginge nur mit einem Privatauto. Lange Gesichter. Da murmelte Jochen etwas zu Silke, machte ein feierliches Gesicht und eröffnete uns, er wolle uns zu einer Lillebilfahrt einladen. Ich zog freudig die Augenbrauen hoch und nahm die Einladung spontan an. Zum Entsetzen von Christel, die mir zuraunte, ich hätte mich jedenfalls ein bißchen zieren sollen. Ich mußte ihr feierlich eine äquivalente Revanche versprechen. Was tat ich nicht alles für ein echtes Schloß aus dem frühen Mittelalter. Unser gemütlicher Stadtbummel wurde sofort abgebrochen. Die Damen sprachen ihre Garderobe durch und stimmten Stück für Stück miteinander ab, strebten dabei eilig zur Tanja. Ihnen zu folgen, erschien mir nicht ratsam. Jochen andererseits versank in einen tiefen inneren Monolog über die Existenz eines Minitaxis. Mit schlafwandlerischer Unbeirrbarkeit steuerte er durch die Gassen. Ich blieb mit meiner Vorfreude auf Tranekär allein. Sie sollte das beste bleiben, was mir das Schloß beschied.

Die Aussicht auf einen ausgedehnten Landgang, der die Peripherie von Schiffshändlern und Kolonialwarenhändlern (!) erheblich hinter sich lassen würde, erweckte in den Damen jähe Erinnerungen an Kultur und Zivilisation, die ein achttägiges Bordleben doch erheblich verschüttet hatte. Lippenstifte, Bügeleisen, Haarnadeln, Nagellack wurden aus vielen Winkeln ausgegraben und abwechselnd in Tätigkeit gesetzt. Auch begann Christel jetzt mit einem Mal an harmlosen liebgewordenen Kraftausdrücken Anstoß zu nehmen, verbat sich auch andere akustische Zeichen des Wohlbefindens, die auf der Tanja ebenso erlaubt waren wie in der Attischen Komödie. So entstand nolens volens eine Art festlicher Stimmung. Eine in dieser Weise sich zum Landgang anschickende gemischte Crew hat immer etwas von Maupassants «Maison Taillier» an sich. Wenn es eine nette Crew ist.

Gegen 15 Uhr enterte Tanjas Crew einen voluminösen Buick älterer Bauart, und ein hemdsärmeliger, wortkarger Chauffeur expedierte sie nach Tranekär. Die Straße führte durch typisch dänische Landschaft. Korn- und Rübenfelder, nur ab und an kurz unterbrochen von Laubwaldgevierten oder einem kleinen winkligen Dorf. Jochen saß vorn neben dem Fahrer, und ich bat ihn, alle möglichen Fragen zu dolmetschen. Ob diese Mühle noch in Betrieb sei? Ob die Bauern ihr Getreide genossenschaftlich ernteten? Ob die Insulaner sich über die Brücke freuten? Aber keine Antwort befriedigte mich. Jochen solle den Mann mehr ausquetschen, bat ich. Aber Jochen resignierte. Da gäbe es einfach nichts zu quetschen. Unser Chauffeur gäbe bereits erste Anzeichen des Unmuts von sich über unsere blöde Fragerei. Eine allerletzte Frage nach der Öffnungszeit des Schlosses wurde nur noch mit einem Achselzucken beantwortet. Ich gab mich geschlagen, und schweigend kurvten wir durch die Gegend, die nun schon sehr die Gestalt wechselte. Die Waldstücke wurden größer, kleine Wohnhäuser gruppierten sich zu Zeilen. Wirtschaftsgebäude umstanden, akkurat und schmucklos wie Kasernen, saubere Höfe. Unvermittelt schaute das Schloß Tranekär auf uns herab, hoch thronte es auf einem kleinen, steilen Hügel. Als wir ausstiegen bot sich unseren aufwärtsgerichteten Blicken der rote Backsteinbau in seiner ganzen Länge. Die Fassade schien in der Sonne zu glühen. Und dennoch ging von ihr eine Kühle und Nüchternheit aus, eine mathematische Sachlichkeit, wie sie typisch ist für die nordeuropäische Renaissance. Der Duktus ist wehrhaft, und der Anblick schüchtert ein. Das war nicht Christels Märchenschloß, und das war auch nicht mein historisches Denkmal. Das war einfach ein überdimensionales Herrenhaus. Gepflegt, adrett, schmucklos. Dennoch imposant durch seine klaren, sicheren Dimensionen und seine beherrschende Lage, umgeben von weiten Rasenflächen, alten Bäumen und geharkten Wegen.

Ohne sonderliche Überraschungen lasen wir ein Schild, das uns den Zutritt verbot. Unsere freudigen Erwartungen hatten wir bereits revidiert. Hinter dem Schloß blinkte ein waldumsäumter kleiner See zu uns herüber. Wir fanden einen Uferpfad, gnädigerweise vom Schloßherrn freigegeben. Ein bezaubern-

der, ein geradezu romantischer Dichterpfad, der uns reichlich
entschädigte für das unnahbare Schloß, das wir nun aus ach-
tunggebietender Ferne langsam umrundeten, während wir uns
über die spärlichen bekannten Daten Tranekärs unterhielten.
Das einstige Königsschloß wurde just im Jahre des schmäh-
lichen Roskilder Friedens von Friedrich III. einem Ahlefeldt
überlassen, der sich für seinen Herrn als eine Art Sonderbot-
schafter recht geschickt betätigte. Das Jahr 1658 brachte Dänemark die größten Länderverluste seiner Geschichte. Bohuslän,
Schonen, Halland, die Inseln Hven und Anholt mußten den
Schweden überlassen werden. Der empfindliche Aderlaß
schien Friedrichs Spendierlaune jedoch nicht zu trüben. Er gab
Ahlefeldt einen großen Teil der Insel Langeland mit dazu.
Offenbar wußte er aus eigener Erfahrung, daß so ein großes
Schloß wie Tranekär nicht von den Zinsen eines einzigen Dor-
fes existieren kann.

Als die Sonne Louis XIV. stimulierend auf Europas Für-
stenhöfe herabschien, residierte General Friedrich Ahlefeldt
auf Tranekär und brannte darauf, es dem Bourbonen gleich
zu tun. Er gründete eine Theater-Truppe, veranstaltete auf-
wendige Aufführungen, ließ Gaukler kommen und finanzierte
eine ständige Musikkapelle zur eigenen Erbauung.

Was die holde Weiblichkeit seiner Insel betraf, so tat er es jedoch mehr August dem Starken nach: Er blieb undelikat und
volksnah. So behaupten die Langeländer heute schmunzelnd,
daß sie eigentlich alle irgendwie von Friedrich Ahlefeldt ab-
stammen, denn er habe 99 Kinder gehabt. Auch wenn man
den normalen biologischen Vermehrungskoeffizienten erheblich verkleinert, so sieht man ein, daß sich einem solchen Mas-
senaufgebot auf einer in sich abgeschlossenen Insel durch Generationen keine Familie verschließen kann. Ein wackerer
Herr und auf seine Art ein echter pater patriae. Mit dem Jus
primae noctis nahm er es allerdings nicht so genau. In drin-
genden Fällen pflegte er die Hochzeit der Erkorenen nicht erst
abzuwarten. Manchmal war auch noch gar kein Heiratslusti-
ger in Sicht. Nach stattgehabtem Gnadenerweis zeigte sich

unser lustiger General jedoch durchaus generös. Er staffierte die braven Mädchen ein wenig aus, verschaffte ihnen nach Möglichkeit einen Mann. Fand sich aber in der Frist, die die Natur der Moral zu setzen pflegt, keiner, so durften sich die jungen Mütter für ihren Nachwuchs ein Stückchen des erlauchten Namens abbröckeln. Eine Notlösung, die erstaunlich schnell in Mode kam. Über die ganze lange Insel verstreut gibt es heute Lehfeldts, Stenfeldts, Höjfeldts usw. Wo es in der Eile jeder Phantasie mangelte, blieb man schlicht bei Feldt. Unter welchem Namen auch immer, Mutter und Kind bekamen Kost und Logie und durften für ihren Herrn arbeiten. So hielt der General sein Völkchen in Bewegung, was ihn jedoch nicht hinderte, seinen legitimen Nachkommen einen Haufen Schulden zu hinterlassen. Sie retteten, was noch zu retten war. Und das war nicht wenig. Heute schützt das gleiche Gesetzbuch, mit dem Unbefugte von den geharkten Wegen gescheucht werden, Familie Ahlefeldt und ihre 3300 ha vor Bodenreform, Erbschaftssteuer und sozialdemokratischer Parlamentsmehrheit. Wir gönnten ihnen den Besitz von Herzen, ein Dorado, in dem überhaupt kein welterschütterndes Ereignis die elementaren Probleme der Landwirtschaft zu verdrängen vermag.

Abstecher nach Lohals

Ein wolkenloser, hellblauer Himmel wölbte sich über uns, wo immer wir aus Luken, Skylights oder Bulleyes nach ihm äugten. Schon blitzte der erste Sonnenstrahl auf dem noch schlafträgen Verklicker, kletterte behende am Mast hinunter, seine Herrin Aurora verkündend, die jetzt über den Zinnen Rudköbings erschien und vom kleinen Bootshafen Besitz ergriff. Zwei Pyjamas und zwei Nachthemden erschienen zögernd an Deck der Tanja, räkelten sich genüßlich in ihrem warmen Schein und befanden einhellig, daß es eine Sünde sei, heute nicht zu segeln. Allerdings empfahl sich der Wind etwas lustlos mit einem halben Fähnchen aus NO. So machten wir aus dem Frühstück ein Schlemmermahl und zogen es bis zehn Uhr hin in der Hoffnung, die Sonne würde ihn etwas anspornen. Aber vergeblich.
«Wir werden also bis zum Middelgrund motoren», verkündete ich entschlossen. «Das Fahrwasser bis dahin ist sehr eng, und wir müßten kreuzen. Das wäre sehr mühsam.»
«Dein geliebter Motor! Ein so schöner Morgen, so still und harmonisch. Aber nein, du mußt dieses Stinktier in Betrieb setzen!»
«Es tut mir leid. Es ist ja nur für einen Augenblick, bis wir das freie Wasser erreicht haben.»

«Deine kleinen Augenblicke kenne ich. Stunden können das werden, sage ich, Stunden!»

Der Motor war sofort da, und triumphierend setzte ich mich ans Ruder. In einem kleinen Südbogen erreichten wir die Hauptrinne und hielten auf die Brückeneinfahrt zu. Routinemäßig sah ich außenbords nach dem Kühlwasser. Aber da, wo sonst ein feiner Strahl fl. w. W. dem Bauch der Tanja entsprang, pufften nur kleine Dampfwölkchen hervor. Schweigend übergab ich Jochen die Pinne und kletterte unter Deck zum leidumwitterten Kniefall. Ich lockerte zwei Schrauben der Pumpe. Aber statt Wasser zu geben, hüllte sie alles in dichte weiße Dämpfe. Über mir ertönte daraufhin ein einziges lautes «Ha!» In ihm kam die ganze Schadenfreude, das ganze Ich-hab's-doch-gleich-gesagt und die ganze Verzweiflung über meine Dickköpfigkeit zum Ausdruck. Da Christel überdies noch recht hatte, schaltete ich den Motor für eine Minute auf Leerlauf. Sein Rattern übertönte die fällige Tirade, die mir hinlänglich bekannt war.

Der Motor schwieg, ich schwieg, die Crew schwieg. Da beugte sich mein treues Weib durch den Dunst zu mir herab. «Na, mein geliebter Schatz, was soll denn nun geschehen?»

Ich blinzelte zu ihr hoch. «Wir werden kreuzen, meine Süße!»

«Na, ist ja großartig, das haben *wir* ja schon die ganze Zeit gewollt!»

«Eben!» Meine Frau hatte völlig recht. Wir setzten die Segel und machten in der engen Fahrrinne die winzigsten Schläge, die die Tanja je vollführt hatte. Aber ein leichter Südstrom half ein bißchen nach. Es wurde der Beginn eines herrlichen Tages. Nur gelegentlich huschte ein Schatten über mein Gesicht. Dann dachte ich an den Motor, der unter Deck in Agonie lag und langsam erkaltete. Hauptleidtragender dieser Schmach war natürlich wieder meine Autorität. Noch vor den letzten Kolbenschlägen hatte Christel nach bewährtem Gewohnheitsrecht das Ermächtigungsgesetz in Kraft treten lassen. Die Schiffsleitung wurde unter befristetes Kuratel der gesamten Crew gestellt. Etwa nach dem Motto: Einen neuen Motor

88

willst du nicht. Den alten kriegst du nicht in Gang. Das ist sträflicher Leichtsinn. Sich einer leichtsinnigen Schiffsführung zu überlassen, ist für uns alle gefährlich. Also liegt es in unser aller Interesse, dir genau auf die Finger zu sehen. Gib uns also die Karte, wir wollen jeden Schlag kontrollieren.

Jeder Segler weiß, daß die Nordausfahrt von Rudköbing vorzüglich betonnt ist. So recht ein Stück für nautische ABC-Schützen. So ließ ich ihnen den Willen. Sie könnten dabei nur lernen. Wir passierten die neue Brücke. Vom nördlichen Horizont schwang sich das starre Betonband zum Zenit, über unsere Köpfe hinweg und senkte sich schließlich wieder einfügend in die Linie der Inseln. Da wuchsen Rudköbings Mühle und Kirchturm sogar über die Brücke hinaus und die ganze breite Silhouette der Stadt, die nun uns Abschiednehmenden eigentlich erst die gefälligste Ansicht enthüllte. Unser Sinn aber stand voraus. Dort auf dem herrlich glitzernden Wasser zwischen den Inseln Thurö und Tassinge lag unser Punkt X. Dort mußte die Entscheidung getroffen werden, ob rund um Fünen oder südlich entlang gesegelt werden sollte. Monatelang, ja schon im tiefsten Winter, hatte ich im Geiste Fünen zahllose Male gerundet. Hatte sämtliche vorhandenen Häfen angesteuert, dort die besten Liegeplätze gefunden, meiner Crew sämtliche Sehenswürdigkeiten gezeigt. Alles war geplant. Jetzt lagen die Ziele greifbar vor uns. Wir brauchten sie nur noch abzuhaken. Aber der Kalender sprach seine eigene Sprache, und auch ich mußte einsehen, daß nur der Fliegende Holländer mein Soll hätte erfüllen können. Die gemütliche Tanja sollte solchen Torturen jedoch nicht ausgesetzt werden.

Die Entscheidung über den weiteren Verlauf der Reise nach Erreichen von Punkt X war in Wirklichkeit längst gefallen, und zwar auf Fehmarn, wo das schlechte Wetter unseren Zeitplan umwarf. Aber das öffentliche Begräbnis meiner Hoffnung hatte ich bis zum letzten Augenblick aufgeschoben, hatte insgeheim immer noch auf ein Wunder spekuliert, das uns doch noch ermöglichen würde, Fünen fahrplanmäßig zu runden. Es war ausgeblieben. Ich zog also einen energischen Schlußstrich unter die Vorfreude auf 90 sm Küstensegelei, warf die Gedanken an Nyborg, Kerteminde, Tunö und Middelfart kurz entschlossen über Bord und stellte mich auf das Nahziel Svendborg ein. Aber der Wind hatte anderes mit uns vor. Aus Osten setzte sich eine Brise durch und bescherte uns die Möglichkeit eines mühelosen Abstechers. Wir konnten nordwärts an Langelands hügeliger Ostküste entlang nach Lohals segeln, dem nördlichsten Hafen der Insel. Eine lange Untiefe zwang uns zu einem mittleren Kurs zwischen Fünen und Langeland. Erst nach etwa zwei Stunden und schon in Sicht unseres Tageszields gab uns eine betonnte Rinne den Weg nach Osten frei. Kreuzend erreichten wir die bewaldete Küste.

Das unentbehrliche Hafenhandbuch des DSV enthält natürlich auch einen Plan von Lohals. Beim Studium eines Hafenplans ist für mich das Wichtigste die Wassertiefe. Wo 1,00 bis 1,50 m angegeben sind, droht für die Tanja aus der Tiefe Gefahr. Und das hat zur Folge, daß groß erscheinende Häfen dadurch zu wenigen brauchbaren Piers zusammenschrumpfen. Mein zweiter Blick galt dem Maßstab und der dritte und vierte meistens auch noch; denn der ist grotesken Schwankungen unterworfen. Einmal ist 1 cm auf der Karte gleichbedeutend mit 50 m in der Natur, ein andermal mit 10 m. Sicher hat sich der Herausgeber etwas bei der Festsetzung des Maßstabes gedacht. Ich weiß nur nicht was. Flüchtige Leser können also Überraschungen erleben. Als Eigner eines Seglers, der gut seinen 15-m-Drehkreis für eine Halse braucht, lasse ich mich nicht gern zur Unzeit überraschen. Lohals' Hafenbecken taxierte ich im Handbuch an der schmalsten Stelle auf 17 m. Rein netto und ohne Abzug – das heißt, wenn er leer war.

Meinen Überlegungen zum Hohn blinkte ein dichter Mastenwald hinter der Hafenmole in der Nachmittagssonne. Er löste bei uns ein recht unterschiedliches Echo aus. Meine Crew freute sich über Geselligkeit und gemütliches Gedränge. Ich argwöhnte Platzmangel und ein ungebetenes Publikum für ein schwieriges Manöver. Vorsichtshalber placierte ich meine Frau an den Fockhals zum Backholen, die Pütz mittschiffs, um den

Drehkreis notfalls zu verkleinern, und den Draggen als Heckanker auf das Achterluk. So steuerte ich mit ernster Miene den
Hafen an, der – vollgestopft mit Lustkuttern aller Art – in
seiner Winzigkeit meine Vorstellungen erheblich unterbot. Ich
dankte Gott, daß in diesem Moment der Wind vollständig ab-
gedeckt wurde durch die nahen Häuser und Bäume. Rasch
verlor die Tanja Fahrt und glitt in das ominöse Hafenbecken,
so langsam wie Lohengrins Schwan über die Opernbühne. Zeit
für mich, Umschau zu halten. Zeit aber auch für den Hafenmeister, seine auf strategischer Anhöhe gelegene und umla-
gerte Würstchenbude für eine halbe Minute der Obhut seiner
Frau zu überlassen, um uns einen Platz anzuweisen. Wenn ein
Hafenmeister meinem kleinen Schiffchen einen Liegeplatz zugewiesen hat, überkommt mich ein Gefühl tiefster Befriedi-
gung. Es ist mir fast, als hätte ich die Ehrenbürgerrechte des
Gastlandes erhalten: Ich fühle mich zu Hause. Und Lohals
ist besonders dazu angetan, sich zu Hause zu fühlen. Es ist die
Perle von Langeland.
Des Ortes malerischer und geometrischer Mittelpunkt ist der
Hafen. Drei Straßen führen zu ihm herab. Eine mit Geschäften, eine mit Sommerhäusern und eine mit Schuppen und
Werkstätten. Der breite Kai zu Füßen von Hafenmeisters
Würstchenbude ist Marktplatz, Spielwiese, Verkehrsknoten-
punkt und Verschnaufplätzchen in einem. Wer hier seinen Tag
verbringt, sieht und hört alles, was in Lohals passiert. Zu bestimmten Tageszeiten finden am Hafen Volksaufläufe statt;
besonders der späte übt unter langsam dunkelndem Abendhimmel einen eigenartigen Zauber auf Teilnehmer und Zuschauer aus. Es beginnt mit einem einzelnen Auto, das am Kai
entlangfährt, bis zu seinem Ende ausrollt, dort aber nicht
dreht, um zurückzufahren, sondern stehenbleibt und den Motor abstellt. Ein zweites Auto erscheint nach geraumer Zeit,
und in kürzer werdenden Abständen bildet sich eine kleine
Schlange. Die Wageninsassen vertreiben sich je nach Temperament auf verschiedene Weise die Zeit. Einige rollen sich zum
Schlafen ein, andere bereiten sich auf Knien eine mitgebrachte

Mahlzeit. Ausländer unter ihnen steigen aus und machen ein wenig Sightseeing.

Die Szene erfährt eine entschiedene Belebung durch die ersten Einheimischen, die, reisefertig angezogen, bepackt und von Verwandten und Freunden begleitet, auf dem Kai posto beziehen. Noch ist das Treiben uneinheitlich, wer die Menge anführt, ungewiß. Ist es der rote Touristenbus aus Rudköbing? Sind es die Mütter mit Kindern? Ist es einfach derjenige, der zuerst kommt? Nichts von alledem. Wir befinden uns in Dänemark, und hier hat das Bier den Vortritt. Ein Bierwagen, hoch beladen mit braunen Kisten klirrenden Inhalts, poltert die Straße herunter und bahnt sich den Weg durch die Menge, die willig nach links und rechts ausweicht. Am äußersten Ende des Kais hält der Wagen, und der Fahrer beginnt seine Kisten zwischen den Pollern zu stapeln. Inzwischen ist in einer der rostfarbenen hölzernen Fischerhütten Licht angegangen. Eine junge Frau macht mit ein paar Handgriffen aus ihr einen Fahrkartenschalter. Ein Uniformierter erscheint. Das ist auf Dänisch nichts weiter als ein Mann mit einer weißen Mütze und einem goldenen Emblem. Weit davon entfernt, Anweisungen zu geben wie etwa «Zurücktreten bitte!» oder an gültige Fahrtausweise zu erinnern, mischt er sich unters Volk und geht als eine Art Maître de Plaisir von Gruppe zu Gruppe. Die Stimmung erreicht den Höhepunkt. Von Ferne ist dumpfes Maschinenstampfen zu hören. Die Wartenden beginnen sich zu formieren. Alles starrt über die schwachbeleuchtete Ostmole in die pechschwarze Nacht, wo jetzt der hohe, steile Schornstein und die kantigen Aufbauten einer betagten Fähre auftauchen. Knurrend und scheppernd dreht sie hart auf die Einfahrt zu, schwojt dann mit ratterndem Leerlauf durch das flache Wasser vor dem Badehotel, um sich darauf mit einem kleinen Pusch vorwärts ganz sachte in die Einfahrt zu schieben. Schweigend verharrt die Menge an Land. Auch an Deck der Fähre rührt sich noch nichts. Einzig der Kapitän auf der Brücke ist in Bewegung. Unermüdlich läuft er zwischen Steuerbord- und Backbordbrückennock hin und her, berechnet den

Abstand zwischen Bordwänden und Kaimauern. Endlich ist das Schiff fest an seinem Platz wie der Spund im Bierfaß. Wer sich den Skipper der alten Fähre aus Korsör als einen eisgrauen alten Mann mit wettergegerbtem Gesicht à la Joseph Conrad vorstellt, weil er mit schlafwandlerischer Sicherheit sein Schiff durch die Nacht zu steuern pflegt, der ist im Irrtum. Ein blutjunger, blonder, fast schmächtiger Mann besorgt diesen Job mit der unauffälligen Selbstverständlichkeit, die Dänen eigen sein kann.

Lohals' Hafeneinfahrt wird von der Fähre regelrecht verschlossen. Wer draußen ist, muß warten, wer drinnen ist, hat Glück gehabt. (Unser Hafenhandbuch sollte einen Zusatz aufnehmen für Lohals: «Schornstein über Ostmole bedeutet, zur Zeit keine Einfahrt möglich!»)

Eine klapperige Bohlenlage, die in ihren besten Tagen einmal eine Art Gangway gewesen sein mag, wird nun vorsichtig zwischen Reling und Pier festgemacht, und unter den kritischen Blicken der Decksmänner balancieren Menschen und Autos langsam an Land, um sich schnell in den ruhigen Straßen zu verlieren. Sie haben keinen Sinn für Idylle. Auch die Wartenden wollen nun schnell an Bord, sich ein gutes Pätzchen suchen. Bald ist Mitternacht. Die Begleiter werden winkend entlassen. Aber noch immer gehen Bierkisten hin und her. Erst als die letzte an Bord verstaut ist, klettert der fesche Skipper auf seine Brücke und betätigt so leise wie möglich die Dampfpfeife. Zapfenstreich für Lohals – die letzten nächtlichen Wanderer trollen sich in ihre Kojen.

Ein grüner Buick und eine lange Langelandpartie

Am nächsten Morgen schwärmte Jochen, wohlversorgt mit Einkaufszetteln und Portemonnaie, aus zum Brötchenkauf. Die Damen klarten derweil unter Deck auf. Ich holte mir einen süßsauren Dispens zum Baden am Strand, der gleich hinter den letzten Hütten im Norden begann und nicht aufzuhören schien, so weit das Auge reichte. Möglicherweise konnte man an ihm bis zur Nordspitze wandern. Er war allerdings nur schmal, und gleich hinter ihm erhob sich ein mächtiger Hochwald, drängte sich erhaben gegen die See, schien es auch gern mit den westlichen Winden und der salzigen Luft aufzunehmen. Er war seines Bestehens sicher. Wege durchzogen den Wald, luden ein zum Reiten und Wandern, aber eingedenk der frischen Brötchen kehrte ich an Bord zurück. Dort fand ich jedoch weder Jochen noch Brötchen vor, sondern nur zwei besorgte Damen und eine Vermißtenanzeige. Jochen war von der Patrouille nicht zurückgekehrt. Ich sollte ihn suchen. Bäkker, Milchmann, Krämer etc.... Was blieb mir anderes übrig, als mich auf den Weg zu machen? Aber ich brauchte nicht lange zu forschen, da entdeckte ich Jochen, bepackt, wie der Spickzettel es befahl, an einen schmiedeeisernen Gartenzaun gelehnt und vertieft in ein ernstes Gespräch – Jochen pflegt nur ernste Gespräche zu führen – mit einem Hünen von Mann, rothaarig und mit flinken wasserblauen Augen. Dieses stattliche Musterexemplar von einem Wikingernachfahren hieß Ole Pedersen, war Schmied seines Zeichens und machte in Lohals Urlaub. Seine Familie verbrachte den Tag in Svendborg, und er hätte gern noch Stunden so weitergeplaudert. Ich blickte hilfesuchend zu Jochen, aber ohne Erfolg. Von sich aus das Gespräch mit einem Dänen abzubrechen, erschien ihm als ungeschliffen und barbarisch. Schließlich griff ich aus Jochens Tüte ein frisches Brötchen, führte es andeutungsweise mehrfach zum Mund und deutete abwechselnd auf Jochen, mich und den Hafen. Ole Pedersen entließ uns aber erst, nachdem wir eine Einladung zu einer Autotour angenommen hatten.

Die Dänen sind ein farbenfrohes Volk. Das sieht man an ihren Häusern, ihren Gärten und gelegentlich auch an den Autos. Ole Pedersen erschien am Hafen in einem giftgrünen Buick, Sechssitzer, Baujahr 1950. Er kannte den plakatreifen Eindruck, den sein flammenroter Schopf über dem grünen Autodach machte. «Meine Frau und meine drei Kinder sind auch alle rothaarig. Paßt gut zum Auto!» lachte er. Witz und Lebensfreude sprühten ihm aus den Augen. Drinks, Bootsbesichtigungen, dann alle Mann ins Auto. «Ich fahre Sie, wohin Sie wollen», erbot sich unser neuer Freund.

«Top», sagte ich, und ein langgehegter Wunsch rückte in greifbare Nähe. »Fahren wir also erst mal zur Nordspitze!»

Die schmale Asphaltstraße führte durch Hochwald, an sehr alten Gehöften vorbei. Letzter Flecken war Hov, ein Feldweg schloß sich an. Baumlose Landschaft, wenige Hecken umgaben einen Campingplatz des Dänischen Automobilclubs. Sonst kein Windschutz, kein Haus, keine Düne. Als wir ausstiegen, empfing uns ein steifer Nordostwind. Wir gingen durch verstepptes Gras und Strandhafer ans Wasser. Vor uns lag der Große Belt, übersät mit weißblitzenden Schaumköpfen, die sich schon weit draußen zu Brandungskämmen formierten, an immer denselben Stellen überschlugen und dann träge über dem langen flachen Sand ausrollten. Dort, wo die Schaumkämme breite Vliese bildeten, sprang eine fröhliche Schar Badender gegen sie an. Schwimmen sahen wir niemanden. Die Dünung war hoch. Sie rollte über eine große Zahl von Findlingen, die zum Teil nur in den Wellentälern sichtbar wurden. Wer sie beim Baden nicht im Auge behielt, konnte unsanft aufgesetzt werden. Die Steine lagen im seichten Wasser und auf dem trockenen Sand, als hätte der Odysseus verfolgende Zyklop sie dorthin geworfen. Ja, mehr noch, sie gaben der flachen Landzunge etwas Urzeitliches: eine unberührte Erinnerung an die Eiszeit.

«Du willst doch hier nicht etwa baden?» argwöhnte Christel.

«Nein! Aber gucken. Ich bin dahinten um die Tonne so oft herumgesegelt und wollte immer schon mal sehen, wie es hier aussieht. Wenn im tieferen Wasser auch so viele Steine liegen, muß man wirklich sehr exakt navigieren.»

«Müssen wir auch hier vorbei?»

«Nein, aber die Fähre kurvt hier jede Nacht entlang, und ich glaube, die Tonnen sind noch nicht einmal alle beleuchtet.»

«Du hast Sorgen!»

«Du wirst nie verstehen, welches Vergnügen es einem Segler macht, an Land zu sein und sich die Schwierigkeiten zu vergegenwärtigen, denen ein anderer auf See ausgesetzt sein kann ... »

«Ich hätte lieber einen breiten Sandstrand mit Windschutz und ohne diese gräßlichen Steine.»

«Dann laßt uns nach Ristinge fahren! Da habt Ihr alles, was Ihr wollt.»

Ole war nie in Ristinge gewesen. Ich auch nicht. Aber ich hatte eine Postkarte von dort gesehen, auf der sich schlanke Badenixen in weißem Sand allerfeinster Körnung sonnten.

Auf Langeland können sich Automobilisten nicht verfahren. Es gibt nur zwei Straßen. Eine von Westen nach Osten und eine von Norden nach Süden. Wir machten uns auf den Weg nach Süden. Das hügelige Gelände gab häufig den Blick nach Westen frei, seltener den Blick auf den Belt. Als wir im 70-km-Tempo die Insel der Länge nach durcheilten, erinnerte ich mich der zahllosen Male, die ich den Langeland-Belt hinauf- und hinuntergesegelt war. Kreuzend, platt vor dem Laken, an Flautentagen, bei Sturm. Immer war mir die Insel als endlos, eintönig, ja sogar ungastlich erschienen. Die einzige Abwechslung ihrer Ostküste besteht denn auch nur aus einem Hafen mit mehr schlechten als rechten Liegeplätzen und drei Leuchttürmen. Auf 60 km verteilt ist das nicht viel für dänische Verhältnisse und verwöhnte Feriensegler. In Oles grünem Oldtimer machten wir die Entdeckung, daß Langeland zwei Gesichter hat. Ein offenes, ausdrucksvolles, von Wind und Wetter geprägtes, vielfach belebtes zeigt es nach Westen. Drei Häfen, fünf von sechs Fährlinien und die große Brücke verbinden die Westseite der Insel mit der Umwelt. Auch die größeren Orte liegen hier, fast alle Campingplätze, die besten Fischgründe und, wie wir nach einstündiger Fahrt erfreut feststellten, der schönste Strand der ganzen Insel.

Ristinge Hale ist eine nach Westen vorgeschobene Halbinsel mit einer dreißig Meter hohen Steilküste. Vom Dorf Ristinge fuhren wir noch ein kleines Stück durch niedriges Kieferngehölz, dann tat sich unvermittelt die weiße Dünenlandschaft vor uns auf. Eine etwa 10 km lange Bucht, eingefaßt von makellosem Sand ohne jeden Stein, brachte mir ein spontanes Kompliment der Damen ein. Ich ließ mich erleichtert in den Sand fallen. Ansichtskarten sagen gelegentlich auch die Wahrheit. Während wir das Gelände etwas glätteten, bemerkte Jochen plötzlich, daß Ole verlegen wurde. Jochen hatte für so etwas einen sechsten Sinn.

«Frag' Ole doch, was er hat!»

«Nein, das kann man nicht.»

«Vielleicht hat er keine Badehose?»

Doch, die hatte er. Eine grüne!

«Ein Protz von einem Mann!»

«Bist ja nur neidisch auf die Hose! Könntest dir ja auch mal eine neue kaufen.»

Nach kurzer Präparation begann Jochen einen Dialog mit Ole, und es stellte sich heraus, daß unser Freund annahm, wir würden nun gleich eine deutsche Strandburg errichten. Das sei in Dänemark aber nicht üblich. Er genierte sich, es zu sagen.

«Ach nein, mein Mann baut bestimmt keine Burg!» beruhigte meine Frau. Das war insofern richtig, als ich es freiwillig nie tat. In Travemünde mußte ich aber immer Burgen bauen, sei es gegen den Wind, die Ballspieler oder nur, um unsere Utensilien beieinander zu halten. Seine Erleichterung war auch meine. Abwechselnd versorgten wir uns aus einem Kiosk – Restaurants etc. gab es hier gar nicht! – mit Bier, Kartoffelsalat, roten Würstchen, Obst, Schokolade, Butterkuchen, und worauf man an einem heißen Tag am Strand noch Appetit hat. Die Sonne hatte den Zenit längst überschritten, da fragte Silke, wann wir aufbrechen würden zur Rückfahrt.

«Ich wollte eigentlich noch etwas weiter.»

«Waaas?»

«Nur zur Südspitze.»

«Hättest du uns das nicht früher sagen können?»

«Warum?»

«Sowas muß man doch planen.»

«Aber das sind doch nur zwanzig Minuten oder so . . .»

»Dann müssen wir sofort los, damit wir zum Abendessen zu Hause sind.»

«Aber jetzt ist es erst drei.»

«Eben.»

Auch der gutmütige Ole war mit dem Abstecher einverstanden. Er rechnete sich aus, daß die Insel nach wenigen Kilometern ein Ende haben müßte. Was wir alle nicht ahnten, war die Tatsache, daß wir nun die einzige Gegend Langelands erreichten, wo man sich gründlich verfahren kann. Nach drei vergeblichen Versuchen, Gulstav, die Südspitze, zu erreichen, konzentrierten wir unsere vereinten strategischen Bemühungen auf den Leuchtturm Kelds Nor. Aber auch er widerstand längere Zeit unserem Ansturm. Kein Wegweiser führte zu ihm. Ein Leuchtturm ist leider kein Gasthaus. Schade eigentlich. Jeder Fernsehturm bekommt heutzutage ein Aussichtsrestaurant. Aber Leuchttürme mit meistens viel schönerer Lage werden immer noch wie Staatsgeheimnisse abgeschirmt.

Nach einem erneuten Umweg und Anlauf von Norden erreichten wir den Turm doch noch. Er lag einzigartig schön. Eingefriedet gegen das Land von Hecken, Mauern und beschnittenen Bäumen, erhob er sich kalkig weiß über der 20 Meter hohen Steilküste. Zu seinen Füßen neigte sich auf dem Oberland ein kleiner Garten bis zur äußersten Kante des Geländes und mündete genau dort in eine behaglich möblierte Sitzlaube. Herr und Frau Leuchtturmwärter hatten offensichtlich Sinn für Gemütlichkeit und waren vielleicht gar nicht so ungastlich, wie wir annahmen. Wir stiegen aus dem Wagen und gingen den Rest des Weges zu Fuß bis dahin, wo das Hochland übergangslos und wie abrasiert zu Ende war. Ich bin nie ein großer Bergsteiger gewesen und hielt mich diskret zurück. Anders Ole, der bis an die Kante trat und sofort den Abstieg beginnen wollte. Die anderen beobachteten seine alpinen Kunststücke mit einer Mischung aus Angst und Bewunderung. Folgen wollte ihm niemand. Als er das merkte, sprang er mit wenigen Sätzen wieder nach oben. Langsam traute auch ich mich an die Kante. Zu unserer Rechten lag das Nor, brakkiges flaches Wasser, durch Sandbänke von der See getrennt, einsam, keine Seele weit und breit. Aber die Nachmittagssonne überzog alles mit warmem, rötlichem Schimmer: die zerschrundenen Steilhänge, darüber die unversehrten Matten der Kornfelder, uns vis-à-vis den kleinen Wald auf Gulstavs Klint und unter uns die seidig-grüne See. Eben kam die weiße Fähre aus Oslo zurück, zeichnete das zarte V ihrer Bugwelle in das Filigranmuster der Wellen und strebte in weitem Bogen zum Ost-West-Zwangsweg, den wir von hier oben schon sahen. Weit im Süden schoben sich winzige graue Striche unendlich langsam gegeneinander, tauchten schmelzend ins Sonnenglas ein und zeigten sich nach einer Weile auf der anderen Seite dem geblendeten Auge.

Das Plätzchen gefiel uns. Ein paar Stühle und ein heißer Kaffee, dann wären auch Silke und Christel ganz auf ihre Kosten gekommen. Aber so sehr ich über die Hecke spähte, Leuchtturmwärters Kaffeestündchen fand heute nicht im Freien statt. Ich wollte den kontaktfreudigen Ole nun doch auf den Haupteingang ansetzen. Aber da hieß es, ich sei ein Schnorrer und jetzt sei die Insel auch zu Ende, und es ginge nun ohne meine Leitung auf dem direkten Weg nach Hause.

Am Hafen von Lohals empfing uns eine zierliche junge Dame. Es war Oles Frau Anna. Jochen wollte uns bei ihr entschuldigen, aber sie winkte lachend ab. Das sei sie gewohnt. Zu Hause in Roskilde sei es manchmal etwas anstrengend, weil Ole oft unangemeldet Hausbesuch mitbrächte. Aber hier im Urlaub brauchte sie ja nichts zu tun. Keine Küchenarbeit etc. Wir umstanden den Buick und schauten einem Fischerboot zu, das eben seinen Fang bei der Genossenschaft anlandete. Ein

Junge sprang mit einem Eimer auf die Pier und kam dicht an uns vorbei. Der Eimer war dreiviertel gefüllt mit sogenannten Junghummern. Eine Seltenheit in dieser Gegend. Der Fischer muß im Kattegat gewesen sein. Ich ging dem Eimer nach und landete in der Küche des Faergegaarden-Hotels. Dort requirierte ich einen Teil der Schalentiere und einen Tisch für 6 Personen.

Als wir auf der Terrasse des Hotels eintrafen, brannten bereits die bunten Lichtergirlanden und verwandelten das schlichte Gebäude in eine italienische Trattoria. Mehrere Tische waren schon besetzt; unten am Strand spielten junge Leute Gitarre und sangen; dahinter schwarze Nacht und träger Wellenschlag am Ufer. Ein romantischer Abend. Ich hätte mir die jungen Hummern sparen können. Zwei Flaschen Chianti hätten besser gepaßt. Aber in diesen Breiten waren rote Krebse häufiger als roter Wein. Anna meinte, wir sollten uns von der kitschigen Aufmachung nicht beeinflussen lassen. Das sei nicht Dänemark. Aber Tivoli sei doch noch viel bunter, warf ich ein. «Ach Tivoli, das ist auch nicht Dänemark», meinte sie wegwerfend. «Aber es ist schön», insistierte ich.

«Ach», fing Ole an, «nichts gegen St. Pauli.» Mit Unterstützung seiner Frau, die sein Geschichten-Repertoire auswendig kannte, kramte er einen kleinen, aber farbigen deutschen Wortschatz hervor und erzählte von fröhlichen Touren zwischen Jungmühle und Café Lausen. Schließlich wurde er richtig melancholisch und behauptete, daß er dort fast hängengeblieben sei.

Anna lächelte nachsichtig: «Du bleibst doch überall hängen! Aber dann kommst du doch immer wieder zu mir zurück!»

«Nein», Ole schüttelte den Kopf und zog die Brauen hoch, «das war lange bevor ich dich kannte.» Wir ergriffen spontan Partei für Anna und gegen unsere Vaterstadt. Er solle glücklich sein, daß Anna rechtzeitig aufgekreuzt sei.

«Aufgekreuzt ist das richtige Wort . . .» Ole blickte vielsagend zu seiner Frau.

«Mein Mann zieht mich immer damit auf, wie wir uns ken-

nengelernt haben. Er ist Kunstschmied und arbeitete in der Nähe meines Elternhauses. Jeden Tag kam ich an seiner Werkstatt vorbei. Eines Morgens sah ich, wie er ein riesiges eisernes Bett mit beiden Armen von einem Lastwagen hob und ins Haus tragen wollte. Er hielt an, um mich vorbeizulassen. Er ist ein Angeber, aber das ist jeder Mann. Ich fand den Anblick furchtbar komisch und sagte ihm, er solle sich nur nicht überheben. Darauf hatte er offenbar nur gewartet, denn er antwortete wie aus der Pistole geschossen, ich könnte mich oben reinlegen, das wäre ihm auch nicht zu schwer. So eilig hatte ich es natürlich nicht. Ein halbes Jahr später heirateten wir, und was glauben Sie, was mein Mann macht? Er hatte sich wieder so ein gräßliches altes Bett besorgt, und ich mußte mich im Brautkleid vor allen Hochzeitsgästen draufsetzen, und er trug mich im Triumphmarsch durch das Spalier. Die Männer klatschten natürlich, aber die Damen haben mich bedauert.»
«Hättest du das auch getan?» wollte Christel von mir wissen.
«Das ist eine Frage des Gewichtes. Darf ich fragen, wieviel Sie wiegen, gnädige Frau?» wandte ich mich an Anna.
Sie nannte eine zweistellige Zahl und meine Frau mich taktlos.
Silke, gegen Rivalitäten dieser Art immun, meinte sanft: «Mein Jochen braucht so etwas nicht zu tun.»
Jochen nickte und lutschte behutsam an einem Hummerbein.
Nachdem wir Onkel Tuborg noch kräftig zur Ader gelassen hatten, brachten uns unsere Freunde durch die nächtlich-stillen Straßen hinunter zu unserem Boot, versprachen auch, der auslaufenden Tanja am nächsten Morgen vom Fenster aus Abschied zu winken. «Aber bitte nicht so früh!» Dafür wollte ich gern sorgen.

Nach Svendborg – Kreuzfahrt durch ein Bilderbuch

Das gemütliche Lohals und der unverhoffte Landausflug zu beiden Zipfeln der Insel entschädigten uns reichlich dafür, daß wir den geplanten Törn rund um Fünen hier abbrechen muß- ten. So nahm die Tanja nun zum erstenmal auf dieser Reise den Weg, den sie gekommen war. Allerdings nur ein Stück, denn im Südwesten erwartete sie der Svendborg Sund. Bei frischem Nordwind segelten wir fast platt vor dem Laken, hielten spitz auf Fünens Südosthuk zu, um die Gefahr einer Patenthalse zu verringern. Ein schöner Morgen und ein noch schönerer Spinnaker-Kurs. Man soll auf einem Spitzgatt- Kreuzer keinen Schnellsegler-Ehrgeiz an den Tag legen. Auch die Tanja taugte so wenig zum Rennboot, wie eine Hausente zur Falkenjagd. Ein Klüverbaum hätte ihr besser gestanden als ein Spinnaker. Da sie aber aus einem unerfindlichen Grund einen Spinnakerbaum besaß und auch ein dreieckiges Segel, das sich in der Gegend aufheißen ließ, wo rassige Boote knall- bunte Spinnakerballons zu fahren pflegen, machten Jochen und ich uns an die Arbeit auf dem Vorschiff. Den Damen war es recht. Damen sind immer froh, wenn ihre Männer beschäf- tigt sind, dazu noch unter ihren Augen. Es gab erst Ärger, als ich vom Vorschiff aus den Schlangenkurs der Rudergängerin- nen korrigieren wollte. «Mehr Backbord!» «Ja, ist gut.» – «Mehr Steuerbord!» «Ja, ist schon gut.» – «Paßt doch auf, wir machen gleich eine Halse!» «Steuere doch selbst!» – «Ihr sollt nichts weiter als geradeaus fahren!» «Wenn du dauernd Backbord oder Steuerbord sagst, können wir doch nicht ge- radeaus fahren.»

«Umgekehrt, weil ihr immer zickzack fahrt . . .» «Seht man zu, daß ihr euer lächerliches Segel endlich oben habt», unter- brachen sie mich. «Und dann kommt nach achtern und steuert selber.»

Das taten wir auch, trimmten hier ein wenig und dort, pro- bierten, kontrollierten, fierten, holten dicht usw. Der Spinnaker hielt uns in Atem. So ein launisches Segel kann Männer stundenlang beschäftigen, vielleicht sogar tagelang. Spinnakersegeln ist eine große Wissenschaft, allerdings keine exakte. Aber darin liegt gerade sein Reiz, daß Spürsinn und Gefühl dazugehören.

Weit im Süden tauchte ein großes Feld weißer Segler aus dem Sund auf. Eine Regatta! Aus dem undefinierbaren Wooling lösten sich in Abständen kleine Gruppen, formierten sich in Kiellinie und zogen in östlicher und westlicher Richtung ihre Bahnen. Immer mehr Felder folgten, glitten eilig über die Szene und verschwanden so plötzlich, wie sie gekommen waren, wieder hinter Turö Rev. Zurück blieben einige zufällige Schlachtenbummler, die sich schwerfällig hinter den hurtigen «Dreiecksseglern» auf den Heimweg machten. Auch wir, die wir weder auf Hornsignale noch Pistolenschüsse achtzugeben hatten, ließen uns Zeit, holten den Spinnaker ein, die Fock back und drehten bei. Im Beidrehen ist die Tanja jedem Schnellsegler überlegen, stellten wir beruhigt fest, als wir uns zum Baden umgezogen hatten und in die klaren Fluten sprangen. Sie rührte sich nicht vom Fleck.

Als die Tanja Stunden später die Ansteuerungstonne – übrigens wieder in korrekter Besegelung – erreichte, hatten auch die letzten Schmalzsegler das Bild längst wieder den dicklichen Kümos überlassen und den hochbordigen schwarzen Schonern. Weit trauten sich die alten Damen nicht mehr auf die Meere. Aber hier, wo überall unter Land schnell ein schützendes Plätzchen erreichbar war, ernährten sie noch ihren Mann. Bis die Pumpen oder der Motor es eines Tages doch nicht mehr taten. Nicht immer war dann eine Abwrackwerft zur Stelle. Manchmal wurde ein Veteran dann bei Nacht und Nebel auf Schiet gesetzt und aufgegeben. Die Strandvögte nahmen sich ihrer an. Und was sie nicht gebrauchen konnten, schliffen Wind und Wetter. Auch im Svendborg Sund lagen am Ufer von Turö Schonerwracks in verschiedenen Verfallstadien. Die pechschwarzen Silhouetten hoben sich malerisch vor den lichten Ufern ab. Hier störte sich kein Ordnungshüter, kein Seeamt, keine Kurverwaltung an ihrem Anblick. Im Gegenteil, die Erinnerungsstücke an eine große Vergangenheit waren den stolzen Nachfahren lieb geworden und gehörten zum festen Inventar des Svendborg Sunds.

Der östliche Teil des Sundes windet sich, pittoresk und krumm wie eine Dorfstraße, zwischen den Inseln Taasinge und Turö hindurch. Auf dem hufeisenförmigen Turö ist kein Haus weiter als 500 Meter vom Wasser entfernt. Ein Dorado für Wochenend-Häuslichkeit. Kreuz und quer und kunterbunt verstreut zieren kleine und kleinste Domizile die flachen Ufer. Keine Bauflucht, keine Fassaden- oder Dachvorschrift scheint die Baulustigen gehemmt zu haben. Jeder hat sich sein Paradies ganz nach eigener Vorstellung und eigenem Geldbeutel schaffen können. Aber nirgendwo fehlt der weiße Mast für den Danebrog. Sein heiteres, frisches Signal eint die Vielfalt der Häuser, der Gärten, der Pavillons und Bootsstege miteinander, viel mehr ein familiäres Symbol als ein nationales.

Von seinem höheren Ufer auf Taasinge, dem historischen Posten, blickt Troense, die alte Siedlung, in stoischer Ruhe hinüber auf das junge Gemüse jenseits des Sundes. Hier ist alles mustergültige Ordnung. Mit Front zum Sund drängen sich die Häuser dicht an dicht hinter der Promenade. Wie konnte es auch anders sein, wo seit Generationen nur Steuerleute und Kapitäne die privilegierten Bauherren waren? Die Häuser thronten hoch über dem Wasser und haben ihre Bewohner der praktischen Seefahrt schon etwas entrückt. Mit der Gelassenheit, mit der sie nun die Tanja an sich vorbeiziehen sahen, schauten sie schon vor hundert Jahren dem lebhaften Treiben zu, das sich zu ihren Füßen abspielte, als sich dort allwinterlich die heimatlichen Schonerflotten versammelten, wenn Eisgang der Seefahrt Einhalt gebot. Ein imposantes Aufgebot in dieser kleinen Bucht. Aber sicher war das Stelldichein der Schiffsleute auf der Promenade oben nicht weniger sehenswert. Sie kamen aus aller Welt und brannten darauf, die Erlebnisse der vergangenen Saison an den Mann zu bringen, wozu nun reichlich Zeit gekommen war.

«Nachgeblieben» aus den großen Tagen waren nur noch eine bis dicht unter das Ufer reichende Wassertiefe von 7 m und eine Anlegebrücke für die Sundfähre. Auch Yachten konnten dort festmachen. Aber der Ostwind machte mir den Platz nicht sehr verlockend. Auch hätten unsere Damen gestreikt, wenn wir hier die Nacht geblieben wären. Kurz vor Erreichen der vielgepriesenen Stadt Svendborg waren Seitensprünge unpopulär. Die «Großstadt» lockte mit Schaufenstern, Friseuren, Promenaden, Kinos etc. Das stille Troense hatte das historische Wettrennen mit der ehrgeizigen Nachbarin überdies längst aufgegeben. Aber es schien uns, als traute das große Svendborg auch heute dem Frieden noch immer nicht so ganz. Denn ehrgeizig reckte es sich knapp über den Wald von Bregninge und wachte über das Kommen und Gehen am Sundausgang. Auch die Tanja war längst anvisiert worden von der schneeweißen Mühle, die wie ein Firstreiter hoch über der noch unsichtbaren Stadt thronte. Während wir unten am ufersäumenden Wald entlang trieben, begleitete sie uns über den dichten Baumkronen ein Stück Weges, uns gleichsam einladend in den ihr zu Füßen liegenden Hafen.

«Nun machst du aus der Mühle noch einen Erlkönig. Mir hast du beigebracht, sowas hieße Auswandern!» unterbrach Christel mein Spintisieren.

«Du bis so gräßlich prosaisch! Gewiß heißt es Auswandern. Aber, wenn du es genau wissen willst, dann wandert der Wald aus und nicht die Mühle, denn . . .»

«Ich ahnte doch, daß du es wieder besser weißt! Aber mir ist ganz egal, wer wohin auswandert. Hauptsache ist, wir sind bald da!»

«Bald da! Bald da! Dies ist die schönste Seemeile ganz Dänemarks. Genieße das doch!»

«Die kann ich auch noch genießen, wenn wir drüben in Christiansminde sitzen. Jetzt interessiert mich mehr, was ich anziehen soll!»

« – – – »

Der Wald von Bregninge wußte, was er zu tun hatte. Er wanderte fleißig aus und gab den Blick frei auf besagtes Christiansminde, den beliebten Sund-Pavillon, der seine Jugend- und Kolonialstilschönheiten in rührender Unschuld über alle Stürme unseres Jahrhunderts gerettet hatte. Müßig zu sagen, daß Jochens und Silkes Augen im gegenseitigen Widerschein glänzten beim Anblick dieses Idylls. Ein trautes sonniges Eckchen in Danmarks guter Stube! Christiansminde, wir sangen den lieblichen Namen leise vor uns hin, bis Jochen eine ernste Miene aufsetzte und, nicht ohne vorherige Verständigung mit Silke, verkündete, daß er uns alle heute abend als seine Gäste dorthin führen möchte.

Ich verbiß mir weitere kritische Bemerkungen über die Architektur der Jahrhundertwende. Christel wollte erst geklärt wissen, daß dann jedenfalls das Taxi von mir bezahlt würde. Wir einigten uns auf die Bordkasse und eine spätere echte Revanche, deren Umfang und Zeitpunkt von Christel festgesetzt würde. Silke strahlte nachhaltig, denn erstens war die Idee ihrem Mann gekommen, und zweitens bedeutete «auswärts essen» eine kompromißlose Rückkehr zu den Formen der feineren Gesellschaft, die an Bord zu Silkes Kummer allzusehr in Vergessenheit gerieten.

Der Anblick auf Christansminde von Süden wird erheblich beeinträchtigt durch große knallgelbe Hallen einer französischen Automobilfabrik. Ungeachtet, ja sich selbst ein Ärgernis, liegen sie auf einem flachen Vorsprung des rechten Ufers, unfähig, ihre jedem ins Auge springende Häßlichkeit auch nur im geringsten zu verbergen. Man kann einfach nicht an ihnen vorbeisehen.

«Du hast nun einmal was gegen Autos!»

«Ja, ich fliehe vor ihnen aufs Wasser. Und was passiert mir? Eine ganze Autofabrik springt mir ins Gesicht.»

«Du bist ein Überästhet! Die Franzosen finden das bestimmt nicht so schlimm. Die sind toleranter als du.»

«Ich glaube, diese Fabrik ist nicht typisch französisch, sondern ein Symptom unserer ‹Kulturlandschaft›, die sich im Weichbild aller unserer Großstädte findet.»

Leider hatte niemand mehr Lust, mit mir darüber zu diskutieren, denn inzwischen gab Taasinges Nordspitze die Sicht auf die höher gelegenen Teile von Svendborg frei. Zur Mühle gesellten sich die St. Nicolai- und die Frauenkirche, helle aufgelockerte Villenzeilen dahinter, ihnen zu Füßen drängte sich das Häusermeer, von unsichtbaren Straßen zu Stufen formiert. Ein wenig erinnerte das an Rudköbing. Aber nicht lange. Wir erreichten das Knie des Sundes, und in diesem Augenblick zeigte uns Svendborg sein neues Gesicht, den Hafen mit Docks und Hellingen, langen Kränen, Ozeanriesen, Lagerhäusern, Tanks und Schornsteinen. Dies hohe Spalier säumte die Kais und drängte alles andere energisch in den Hintergrund. Schließlich war auch die weiße Mühle untergetaucht und hatte ihre Pflicht getan, jetzt, wo die Stadt selber sich aus der Nähe präsentierte. Der betriebsame Hafen nahm die kleine Tanja wohlwollend auf. Ehrfürchtig glitt sie an ihren großen Schwestern im Handelshafen vorüber, schnupperte an Einfahrten und Brücken nach einem ruhigen Plätzchen für die Nacht.

Svendborgs Lystbaadehavn liegt ganz im Westen der Stadt, dort, wo die herrschaftlichen Villengrundstücke der alten reichen Kaufmannsstadt das Sonnenufer unter sich aufgeteilt haben. Er ist rund wie ein Negerkral und bietet hundert Yachten Platz. Seine beiden halbkreisförmigen Molen greifen weit in den Sund hinaus, bieten Schutz und Platz zum Aufschießen, Halsen, Segelbergen und -setzen bei jeder Windrichtung. Freundliche Seeleute am Molenkopf zeigten uns einen freien Gästeplatz. Unser Tagesziel hatten wir in der glücklichsten Weise erreicht. Hier, wo ständig neue Segler ein- und ausliefen und man dem Sundverkehr auf seiner betriebsamsten Strecke aus nächster Nähe zusehen konnte, als befände man sich selbst mitten im Fahrwasser, da konnte auch ein eingefleischter Meilenjäger nicht traurig sein über eine kleine Tagesdistanz wie die unsere.

Das sich langsam rötende Glas der Nachmittagssonne lag breit über dem Westausgang des Sundes, der sich wie eine große Flußmündung, wie ein Delta nach draußen öffnete. Wir promenierten auf unserer Außenmole und hinüber zur fleißigen Fähre, beobachteten An- und Ablegemanöver und spähten auch nach neuen aufkommenden Schiffen. Das vielfältige und unablässige Schauspiel, das vor unseren Augen stattfand, hielt uns in Bann. An beiden Ufern, auf Straßen und geschützten Balkonen standen andere zufällig oder langjährig «abonnierte» Zuschauer und genossen gleich uns das Spiel auf dem Wasser, bis hin zum Horizont, der sie überspannte und die Magie der Ferne zu uns herantrug.

Abend in Christiansminde

Ein Mini-Taxi nahm am Abend die eleganteste Crew auf, die die Tanja je an fremde Gestade entlassen hatte. Im großen Bogen ging es durch die Stadt, um den Hafen herum und bergauf aus dem dichten Häusermeer hinaus, schließlich wieder bergab durch ein friedliches Villenviertel nach Christiansminde. Eben hatte die Dämmerung begonnen. Die Kronen der Eichen und Buchen bildeten schon ein schwarzes Dach über unseren Köpfen. Aber zwischen den Stämmen sahen wir noch die letzten Strahlen der untergehenden Sonne auf dem Wasser zerfließen. Der Pavillon, Mittelpunkt so mancher beliebter Sommerfeste, lag still im Schatten des Waldes. Innen fanden wir jedoch etliche Tische besetzt. Meist Familien wohl, die hier bedächtig tafelten, mit jener unauffälligen Feierlichkeit, die zum Zeremoniell einer skandinavischen Mahlzeit gehört. Wir zogen uns diskret in einen seitlichen Erker zurück, um dort ungestört einem Kabarett zusprechen zu können, das selbst Silkes Erwartungen übertraf. Bald gingen die bunten Lampionketten auf der Anlegebrücke an. Und dann schob sich die altgediente «Helge» auf der für heute letzten Fahrt von Troense vorsichtig heran. Man hörte sie kaum. Erst als die Passagiere durch das Lichterspalier auf uns zukamen, entdeckten wir die hohen Umrisse des Fährbootes. Ebenso leise, wie es gekommen war, legte es kurz darauf wieder ab und bahnte sich vorsichtig und genau im rechten Winkel den Rückweg ins Fahrwasser.

Nicht immer hat sich Christiansminde der uneingeschränkten Beliebtheit bei den Svendborgern erfreut. Es ist noch nicht lange her, daß ehrenwerte Ratsherren zu dem Schluß kamen, ihre Stadt sei von Westen her genügend See- und Landwinden ausgesetzt und könne wohl auf die grüne Lunge im Osten verzichten. Der Laubwald sollte für ein schönes Stück Geld abgeholzt und das Gelände bis zum Sund hinunter parzelliert werden. Hier aber gab es sehr bald Streit um die Uferstreifen. Jeder pochte auf freien Zugang zum Meer. Keiner wollte sich in der zweiten oder gar dritten Reihe etablieren. Eine gerade-zu klassische Auseinandersetzung, der die Weltgeschichte manch blutige und berühmte Kriege zu verdanken hat, war gegeben. Da dedizierten die Stadtväter das ganze umstrittene Areal der Öffentlichkeit und machten daraus einen Stadtpark. Pünktlich zur festgesetzten Stunde begann eine Kapelle zum Tanz aufzuspielen. Es gab «Valencia» und «Tango Bolero». Wir lächelten nachsichtig und dachten an unsere Tanzstunden zurück. Aber was sind schon Jahre für eine beliebte Melodie? Und wie populär «Valencia» hier war, das merkten wir schnell. Im Umsehen füllte sich das Parkett. Unsere Damen kamen voll auf ihre Kosten. Sie genossen den abendlichen Ausflug in die Kultur ungemein. Weit fort waren Teergeruch, Brackwasser und schwankendes Deck. Ihrem zivilen Element waren Christel und Silke zurückgegeben, dem festlichen Glanz, der geselligen Tafel und zwei mustergültigen Kavalie-ren, die den Bordton pflichtschuldigst auf der Tanja zurück-gelassen hatten.

Rundgang auf Taasinge

Die Möglichkeiten der menschlichen Kommunikation sind an Bord einer kleinen Yacht naturgemäß recht begrenzt und wie-derholen sich oft. Eine gute Crew wie die unsere stellt das von vornherein in Rechnung und stiebt nicht in jedem Hafen in alle Richtungen auseinander, um sich nur zu den Hauptmahl-zeiten wieder zu versammeln. Im Gegenteil hielten wir dafür, daß vielleicht nicht zu einer zünftigen, sicher aber zu einer abwechslungsreichen Segelreise eine ganztägige Fußwanderung der kompletten Crew landein gehörte.
Der Wechsel vom Wasser unter dem Kiel zur Erde unter den Füßen stimuliert die Gemüter ungemein. Silkes, der Apothe-kerin, botanische Kenntnisse, von salzigen Ostseewellen ver-schüttet, konnten jäh neu erblühen. Jochen fühlte sich in seine

frühe Kindheit zurückversetzt, die er bei dänischen Bauern verbrachte. Ich hoffte auf architektonisch reizvolle Objekte. Wir wollten gemeinsam die Insel Taasinge erobern. Jochen machte den Reisemarschall und erließ Marschorder *Bregninge Kirke!* Die sei wegen ihres Ausblickes die ungekrönte Königin des Eilandes. Eine der unentwegten Vindeby-Fähren schob uns nebst etlichen Last- und Personenwagen steif wie ein Backblech über den spiegelglatten Sund. Als wir in Vindeby die Rampe hinaufgingen, waren wir die einzigen Fußgänger. In leichter S-Form wand sich unsere Straße aus dem kleinen Ort nach Süden. Äcker überzogen links und rechts das hügelige Gelände. Im Osten und Westen begrenzten Wälder unser Blickfeld. Sie stehen dicht an den Ufern zum Schutz gegen Winderosion. Aber von der See selbst war fast nichts zu sehen. Wir hatten uns einen heißen Tag ausgesucht. Staub der Landstraße lag auf unseren Lippen, wir atmeten den Geruch der Wiesen, Heuduft drang in unsere Nasen.

Bregninge Kirke ist von jedem Punkt der Insel zu sehen. Sie steht auf dem höchsten Berg (72 m). Jedem Leuchtturm hätte ein solcher Platz zur Ehre gereicht. Da es aber hier mitten auf der Insel nichts Nautisches zu beleuchten gibt, hat man den Turm zu einem herrlichen Schauinsland ausgebaut. Leider nur geschah das zu der Zeit, als allerorten der Anker-Steinbaukasten als Stilelement der Baukunst triumphierte. Es war die Zeit unserer Kaiser-Wilhelm- oder Bismarck-Türme, die auf stadtnahen Hügeln Deutschlands trutzig aus dem Boden schossen. Und so hat Bregninge Kirke auch mit ihren deutschen Zeitgenossen eines gemeinsam. Am schönsten ist sie von weitem anzuschauen. Wer aber schon einmal da ist, sollte hinaufklettern und den Blick in die Ferne genießen. Der ist noch schöner. Weit schauten wir über die Inselwelt: Fünens Wälder im Norden, Turö und Langelands Nordspitze im Osten, dahinter der Große Belt und als dünnen schemenhaften Strich an der Kimm die seeländische Küste. Auf Langeland hoben sich klar ab Schloß Tranekär und Rudköbing, halb verdeckt von der neuen Brücke. Zwischen Langeland und Ärö ein Stück

Ostsee. Jochen behauptete, die dunkle Linie darüber seien die Wälder bei Hohwacht. So konnten wir von dieser kleinen Kirche, die wir bei Peilungen nie auf der Rechnung hatten, tatsächlich einen großen Teil unserer bisherigen Reise zurückverfolgen und sogar in westlicher Richtung unsere späteren Ziele ausmachen. Faaborg, Avernakö und Alsen lagen auch auf dem Präsentierteller.

Uns aber lockte jetzt der Pederskov, der große schattige Wald auf dem Wege zu unserem nächsten Ziel: Valdemarsslot. Sein mächtiges Schieferdach überragte alle Baumkronen. Aber kaum hatten wir wieder die ebene Erde erreicht, als das Dach im Wald verschwunden war.

Ist der Weg durch den Pederskov schon reizvoll, so übertrifft ihn der Uferpfad doch noch erheblich. Plötzlich lichten sich die Bäume und geben den Blick auf die malerische einsame Lunkebucht frei, die flache Halbinsel Vemmenäs schützt sie gegen Südwesten. Sind die Blicke auch meist seewärts gerichtet, so bleibt die Stimmung doch pastoral. Sei es, daß der Pederskov einen undurchdringlichen Windschatten spendet; sei es, daß Enten und Schwäne die flache Bucht besetzt halten und sozusagen zu einem Teich degradieren; sei es, daß der Weg, ebenso plötzlich, wie er den Wanderer ans Wasser führt, ihn durch eine scharfe Biegung ablenkt. Der Weg endet direkt vor dem Schloßgeviert.

Wir traten durch das Südtor in den Hof. Linker Hand erhob sich Valdemars Schloß, ein schwerer, voluminöser Barockbau. Ein kühlerhabenes, feierliches Bild, geprägt von der Front enggerippter Fenster. Chef d'œuvre der Fassade bildete das Portal mit der schön gestaffelten Freitreppe. Auf der rotgeziegelten, fast völlig von Efeu umrankten Fassade saß ein gewaltiger Dachstuhl mit 15 winzigen helmgeschmückten Mansarden. Der Bau lag da wie ein monolithischer Block, ein steinernes Bekenntnis zu absoluter Architektur, zur Proportion, zur Geometrie. Kein schmuckvolles Kunstwerk, nicht einmal ein Gegenstand romantischer Schwärmerei.

Da empfanden wir die beiden weißen Torgebäude mit den

vergoldeten Pilastern viel intimer und einladender. Luftig und lustig wie spielende Kinder zu Füßen des schwerfälligen Großvaters legten sie die Wegachse quer durch den stillen Schloßhof. Ihr Spiegelbild im rechtwinkligen Schloßteich wetteiferte mit dem Weiß der Enten und Schwäne. Das Juwel der fürstlichen Szenerie war jedoch das kleine Teehaus. Wie ein zierliches Diadem schloß der lichte kreuzförmige Barockpavillon den langen Platz im Osten gegen die See ab, während er selbst, als vorgeschobener Posten, einen weiten Blick in die Runde gewährte. In frischen, weißen und hellgelben Farben strahlte er zu uns herüber, als hätte er sich für großen Besuch hergerichtet. So ließ unsere Phantasie schnell eine große Gartengesellschaft Einzug halten, schmückte Bäume und Hekken mit Girlanden, die hohen Fenster und Türen des Pavillons sprangen auf, Musik erscholl drinnen und draußen. Paare schwebten über das blanke Parkett und hinaus auf den Rasen. Eduard Maria Oettinger, Chronist des Dänischen Hofes, weiß jedoch leider wenig Erfreuliches über das Schloß und seine ersten Besitzer zu erzählen. Fortuna zeigte sich ihnen recht spröde. Waldemar Christian, viertes Kind der insgesamt elf legitimen Kinder der Christine Munk und Christians IV., war der Lieblingssohn seines Vaters, und dieser baute ihm auf dem Erbgrundstück der Mutter das Schloß. Es ist jedoch unwahrscheinlich, daß er es längere Zeit bewohnt hat. Schon sehr früh schickte ihn sein Vater nach Holland, Deutschland, Frankreich, Italien und übertrug ihm etliche Gesandtschaftsposten. Aber bereits in seinem zwanzigsten Lebensjahr kam eine aus achtzig Personen bestehende Gesandtschaft des russischen Zaren Michael Feodorowitsch Romanow aus Moskau nach Dänemark, um dem König eine Vermählung seines Sohnes mit der russischen Prinzessin Irene vorzuschlagen. Da Vater und Sohn mit dieser Heirat einverstanden waren, begab sich Waldemar in Begleitung Oluf Parsbergs und Steen Billes über Riga nach Moskau, wo sie am 21. Juni 1644 ankamen und prachtvoll empfangen wurden. — Der russische Jubel währte aber nur kurze Zeit, denn als der dänische Bräutigam sich weigerte, nach russischem Ritus die Taufe zu nehmen, drohte man ihm verblümt mit allerlei Zwangsmaßnahmen, die dem guten Waldemar so wenig zusagten, daß er — da ihm die Braut nicht sonderlich zu gefallen schien — den Beschluß faßte, heimlich zu entfliehen und die gute Irene sozusagen sitzenzulassen. Er beschloß, mit drei Vertrauten nach Polen durchzugehen, der fliehende Bräutigam wurde jedoch erwischt und in ein Gefängnis geworfen, worin man ihm «freie» Wahl ließ, sich entweder umtaufen zu lassen und Irene zu heiraten oder ein Gefangener des über seine Widerspenstigkeit hoch erzürnten Zaren zu bleiben.

Zum Glück für Waldemar geruhte die Vorsehung schon im folgenden Jahre, den Zaren in das Jenseits abzurufen. Seinem Nachfolger, Alexius Michailowitsch, war es gleichgültig, ob Irene einen Mann bekam oder nicht. Er ließ den gefangenen Dänenprinzen laufen.

Waldemar Christian begab sich nach Polen an den Hof Wladislaws IV. und ward in Warschau ebenso glänzend empfangen wie in Moskau.

Aber im Jahre 1648 starb Christian IV. Mit seinem Halbbruder, dem neuen König Friedrich III., verstand sich Waldemar nicht. Man zieh ihn geheimer Umtriebe. Er setzte sich nach Deutschland ab, trat in Dienste der Königin Christine von Schweden und nahm schließlich in Polen ein ruhmloses Ende.

Das Schloß ging in den Besitz seiner Schwester, Ebbe Ulfeldt, über. Diese jedoch besaß ein ungewöhnliches Geschick, Schulden zu machen. Ihr damals noch hochvermögender Schwager Korfitz half ihr mehrfach aus der Patsche. Dafür überließ sie ihm Waldemars Schloß als Pfand. Aber auch er konnte sich des Besitzes nicht lange erfreuen. Es kam der bekannte Landesverratsprozeß, und seine dänischen Güter fielen an die Krone. Das kam dem neuen König Christian V. sehr gelegen, denn etliche Belohnungen an treue Freunde waren fällig. Waldemars Schloß mit dem herrlichen Blick aufs Wasser ging an den tapferen Admiral Niels Juel. Er hatte gerade die entscheidende Seeschlacht in der Kögebucht gewonnen. Einige

Quellen sprechen auch davon, er habe das Schloß mit Prisen-
geldern bezahlt.

Was der Kriegsmann allerdings auf Taasinge vorfand, war
nicht mehr sehr imponierend. Zu gründlich hatte dort Schwe-
dens Karl Gustav X. Station gemacht und mit seinen Lands-
knechten die Unsitten des Dreißigjährigen Krieges eingeführt.
Aber Niels Juel war nicht nur ein guter Krieger, sondern auch
im Frieden ein Mann der Tat. Er riß ab, was nicht mehr zu
retten war, und restaurierte das Bauwerk in dem schlichten
soldatischen Stil, der ihm heute noch eigen ist. Sicher ging dabei viel von dem Stil Christians IV. verloren. Aber soll man
das dem Admiral ankreiden? Er hat getan, was in seiner
Macht stand und mehr noch, denn er löste die umliegenden
verpfändeten Waldungen nach und nach aus, und diesen
schönen Besitz erhalten seine Nachfahren noch heute.

Troense

Auf einer schmalen, geraden Pappelallee gelangten wir im
Umsehen nach Troense. Das Schmuckkästchen der Insel
Taasinge putzt sich mit einer liebenswerten uneitlen Selbstverständlichkeit. Jede Mauer, jede Hecke, jedes Blumenbeet
verrät die Pflege vieler Besitzergenerationen. Mit Liebe und
Sorgfalt ist hier alles der schützenden, friedlichen Erde anvertraut von Menschen, die sich ein Leben lang auf den Meeren
getummelt hatten und nun heimkehrten zu Idylle und Geborgenheit. Sicher haben sie einst mit der gleichen Liebe Decks
geschrubbt und Lampen geputzt, Nähte kalfatert und Segel
genäht, wie sie heute Unkraut jäten, Sonnenblumen pflanzen,
Gartentüren ölen und Wege harken. Das Leben auf See hat sie
geformt, hat sie Ordnung gelehrt und auch ein bißchen Pedanterie und vor allem Geduld, auf großen Strecken ebenso wie
nun in ihrem kleinen Refugium.

Das Seefahrtsmuseum lockte uns schon von weitem mit einem
hölzernen Seemann, der in Nelson-Pose durch ein langes

Fernrohr schaute. Beim Näherkommen gewahrten wir jedoch unter dem gewaltigen Zweispitz ein Nußknackergesicht, so daß wir etwas skeptisch seinen Blicken ins Hausinnere folgten. Wir stellten bald fest, daß der griesgrämige Seemann durchaus beispielhaft die Propyläen des Museums «zierte», denn was wir zu sehen bekamen, war keineswegs alles künstlerisch bedeutend, dafür aber zünftig. Nautische Ausrüstungsgegenstände verschiedener Jahrhunderte und jeden Kalibers, exotische Mitbringsel aus allen Erdteilen, und Handarbeiten von Matrosen, auf Freiwachen gebastelt, füllten die Räume. Chinesische Batiken, Dschunkenmodelle, große Strohhüte und viele Bilder zeigten auf den ersten Blick die große Bedeutung Chinas für Südfünens alte Schiffahrt. Die Ölbilder zu studieren, machte am meisten Freude. Fast ausnahmslos Auftragsarbeiten für Kapitäne oder Eigner, waren sie mit großer Akribie angefertigt. Spieren, Besegelung, laufendes und stehendes Gut, Aufbauten und Wasserlinie, alles wurde vor dem Kauf mit Argusaugen geprüft und mit dem Original verglichen. Wehe, wenn etwas nicht stimmte. Schöpferische Phantasie hatte hier nichts zu suchen, schließlich waren die Bilder nicht nur Schmuckstücke, sondern auch Dokumente — und sind es deshalb bis heute auch geblieben. Die künstlerische Freiheit konnte sich um so mehr am Himmel und auf dem Wasser austoben. Und da gibt es nun unendlich viele verschiedene Temperamente zu bewundern. Einer liebt die totale Flaute, azurblaues spiegelglattes Wasser, milchigen Himmel, und versteht sich nur ungern dazu, ein wenig Wölbung in die Segel zu schattieren und den Danebrog auswehen zu lassen. Ein anderer liebt die Ordnung auch auf See und malt die Wellen mit kalligraphischer Sorgfalt, eine wie die andere. Mutigere spielen schon ein wenig mit dem Sonnenlicht auf Segeln und Wellen, Wolken beleben den Hintergrund. Die ganz großen Meister lassen sich aus vollem Herzen von den Elementen berauschen. Hell- und dunkelgrün schimmert die See, Gischt peitscht von den Schaumköpfen über lange Wellentäler, Wolkenfetzen fliegen darüber hin. Und sicher hätten sie liebend

gern einmal ein Schiff kentern oder an einer Klippe zerschellen lassen. Aber wer hätte so etwas bestellt, geschweige denn bezahlt? So mußten sie dann stets versuchen, den Gegenstand ihres Auftrages als stolzen Beherrscher oder tapferen Überwinder der Elemente glaubwürdig in die Mitte des Infernos zu setzen. Ein oder zwei unbekannte blasse Wracks im Hintergrund wurden ihnen gelegentlich gestattet.
Unbemerkt war der Herr des Hauses eingetreten, Herr Holm-Petersen. Der stattliche, ein wenig gedrungene Mann mit dem runden braungebrannten Schädel und dem khakifarbenen Sportdreß sah wirklich nicht aus wie ein Museumsdirektor. Viel eher konnte man ihn für einen Ferienstammgast aus Kopenhagen halten. Nicht einmal der Stolz, mit dem Sammler sonst ihre Schätze zu zeigen pflegen, war ihm zunächst anzu-

merken. Im Gegenteil gab er uns erbetene Auskünfte eher gleichgültig und beiläufig. Erst langsam wurde er mitteilsamer und trat aus seiner Reserve heraus. Sie galt in der Tat nicht seinen Objekten, sondern dem Publikum, gegen dessen Zudringlichkeit er sich schützen wollte. Wir kletterten in das Archiv unterm Dach und blätterten in alten Schiffstagebüchern, Bilderverzeichnissen, vergilbten Seekarten. Holm-Petersen sprach fließend deutsch und erzählte uns von den weltweiten Beziehungen, die er im Laufe der Jahre angeknüpft hatte, und von der mühseligen Arbeit des Archivierens. Die Folianten und Schubladen um ihn herum versetzten ihn in die Lage, schiffshistorische Auskünfte zu geben, wie kaum ein anderes Museum auf der Welt. Die Mansarde hier oben war das Herz seines Museums. Die vollgepropften Räume unter uns bildeten nur den Rahmen.

Wir gingen hinüber in sein Privathaus, wo die allerbesten Schiffsbilder Eingang gefunden hatten, wie hier überhaupt alles von erlesener Qualität war. Sicher entsprach das meiste dem Geschmack einer vergangenen Zeit, aber hier, in diesen Räumen, war die Zeit noch ganz lebendig, war die Kultur noch unverbraucht, weil der Geist und das Temperament einer Persönlichkeit sie beseelten.

Eine schmerzliche Lektüre

Holm-Petersen verabschiedete uns am Gartentor, wo Poseidon und Amphitrite ehern und stämmig auf den Pfosten hockten. Aber so hoch sie auch über uns hinwegschauen mochten, konnten sie es doch nicht hindern, daß ihnen die Blütenspitzen schlanker Malven fortwährend Brust und Knie kitzelten. Diese heitere Symbiose erschien uns als Wahrzeichen der ganzen Straße, der berühmten Grönnegade, deren Häuser ausnahmslos von ehemaligen Schiffern gebaut worden sind. Die Grönnegade entstand zwischen 1750 und 1850, also in der großen Zeit der Schonersegelei. Die kleinen weißen Häuser sind in zwei wohl aufeinander abgestimmten Kiellinien aufgefahren und sehen immer noch proper und frisch aus, als hätte es den Niedergang der Handelssegelei nie gegeben. Gewiß haben sich die neuen Generationen auf die moderne Seefahrt umgestellt, und es geht ihnen sicher nicht schlechter als ihren Vorfahren. Aber diese Seefahrt kennt keine familiäre Gemeinschaft auf den Meeren mehr, und so kann sie auch keine Gemeinschaft auf dem Lande hervorbringen. Wenn Troense heute noch das ist, was es vor fünfzig oder hundert Jahren war, dann liegt das daran, daß immer noch viele alte Kapitäne leben und die Tradition zu bewahren wissen. Noch sitzen sie hier auf den Hausbänken, schneiden ihre Rosen oder hängen alten Erinnerungen nach.

Wenn man in den im Museum deponierten Erinnerungen blättert, so gewinnt man einen tiefen Eindruck vom Alltag auf See. Die stillen, genügsamen, besonnenen Schiffsführer sind keine Romantiker gewesen. Sie betrachteten die Seefahrt als ihren Beruf wie jeden anderen. Sie liebten ihn, sie wußten von den Gefahren, von der Härte, von der Unberechenbarkeit des Schicksals. Sie stellten sich darauf ein. Auch Katastrophen versuchten sie mit Ruhe und Nüchternheit hinzunehmen. Nur der Krieg erschien ihnen als ein Unglück, als ein vermeidbares, sinnloses Übel. Und da er in den letzten hundert Jahren dreimal aus Süden kam, beobachtete man uns Deutschen gegenüber eine verständliche Zurückhaltung. Aus den Erinnerungen von P. L. Hansen las Jochen uns abends an Bord vor:

«Mein Vater war der Ansicht, daß die Segelschiffahrt die gesündeste Beschäftigung für junge Männer sei, und um das zu demonstrieren, bestellte er 1908 einen Dreimastschoner bei Baumeister Petersens Werft auf Turö, ein Schiff, das ich führen sollte. Auf Turö war es damals nicht schwierig für einen jungen Mann, der bewiesen hatte, daß er ein Schiff führen kann, den Wunsch seines Lebens erfüllt zu bekommen. Frachtsegler, besonders Holzfrachter, machten sich schnell bezahlt, und auf der Insel herrschte Wohlstand. Man machte also auf der Werft eine verhältnismäßig kleine Anzahlung, für den Rest wurden

Schiffsaktien oder -parten aufgelegt. Der Reeder oder der Schiffer ging auf der Insel herum, und in der Regel dauerte es nicht lange, bis er die Bausumme von 50 000 — 60 000 kr beisammen hatte. Die Reederei für mein Schiff, das den Namen *Libra* erhielt, bestand aus 100 Partenreedern.

Die *Libra* war ein schmucker Bramsegelschoner mit Klipperbug und faßte 290 t. Ich ging auf Fahrt mit dem Schoner an einem Montag im Mai 1909. Auf dem Weg an Bord traf ich einen alten Skipper, einen von den hundert Partenreedern. Er riet mir dringend ab, an diesem Tage in See zu gehen. Ein Montag sei absolut unglücklich, meinte er. Mit einem neuen Schiff müßte man an einem Sonntag starten, wenn man überhaupt damit rechnen könne, von der Stelle zu kommen.

Ich segelte am Montag. Sieben Jahre später wurde die *Libra* von einem deutschen U-Boot zerstört. Aber in diesen sieben Jahren habe ich nicht die geringste Neigung zum Unglück bei dem Schiff festgestellt, im Gegenteil. In diesen friedlichen Jahren segelten wir meistens zwischen Finnland, Schweden, Norwegen, England und Frankreich. Bei Kriegsausbruch 1914 lag die *Libra* in Kotka in Finnland. Am 2. August brach plötzlich eine Panik aus, der Hafen mußte Hals über Kopf geräumt werden. Es hieß, daß die Deutschen kämen. Vierzehn Tage lang mußten wir flußabwärts warten, bis sich die Lage normalisierte und wir unsere Ladung und Papiere für England bekamen. Von den Deutschen hatten wir nichts gesehen, aber es war der erste Vorgeschmack des Krieges. Im folgenden Winter lag die ganze Flotte im Turö Bund, um die kriegerische Entwicklung abzuwarten. Dann wurde die «Kriegsversicherung für Dänische Schiffe» eingeführt und brachte wieder Leben in die Segler.

In der Nordsee wurden wir Zuschauer einer Begebenheit, die unserer Reise fast ein jähes Ende bereitet hätte. Wir fuhren im Treck mit dem Dreimastschoner *Salvador* nach England. Eines Morgens sahen wir plötzlich, wie die *Salvador* backbraßte und ein Boot zu Wasser ließ. In der Nähe entdeckten wir ein deutsches Unterseeboot. Wir änderten sofort unseren

Kurs und hielten weg von der *Salvador.* Kurze Zeit später kam Regen auf, die Sicht wurde schlecht. Wir waren in Sicherheit. Später erfuhren wir, daß die *Salvador* verbrannt wurde und die Besatzung auf den Shetlands an Land gesetzt worden war.

1916 segelten wir unter Ballast nach Kanada. Infolge des großen Risikos waren die Frachtraten über den Nordatlantik auf 6 bis 7 Pfund Sterling pro Tonne gestiegen. Die Nordatlantikfahrt war für Turö-Schiffe neu, und sie waren für Langfahrt nicht sehr ausgerüstet. Die wenigsten hatten ein Chronometer an Bord. Sie waren teuer, und auf Nord- und Ostsee konnte man sich gut behelfen mit Breitenbeobachtung, Lot und Log. Auch auf der *Libra* befand sich kein Chronometer. So blieben wir darauf angewiesen, nur mit Hilfe von Breitenbeobachtungen und versegelten Distanzen über den Atlantik zu navigieren. Vor der Nordwestküste von Island setzte ich den Kurs auf Cape Race und verließ mich im übrigen auf die guten Sichtverhältnisse, die mir die «Sailing Directions» für den Mai versprachen. Mein Besteck paßte gut. Nach sehr fleißigem Gebrauch des Lotes bekamen wir Kennung von Cape Race und erreichten Miramichi sogar zehn Tage vor der *Alma,* mit der wir zusammen Island verlassen hatten.

Wir luden 290 t Bohlen für Preston, dort nahmen wir Kohlen für Fowey, und von Fowey ging es mit Chinakleie nach Drammen. Die Ostseeschiffahrt war uns in diesem Stadium des Krieges zu gefährlich. So luden wir Kork und segelten nach Leith. Die Reise verlief normal bis zum 20. Oktober. Um drei Uhr nachts wachte ich von einem Schuß auf. Es war regnerisch und dunkel. Wir konnten nichts sehen. Wir braßten back und schauten aus. Die *Libra* legte sich quer zur See, rollte stark. Plötzlich tauchte ein deutsches U-Boot in Luv auf. Seine Deckskanone war auf uns gerichtet. Ich wurde aufgefordert, mit den Schiffspapieren an Bord des U-Bootes zu kommen.

Mit der Jolle ließ ich mich übersetzen, und nach kurzem Warten hörte ich einen jungen Mann sagen: «Leutnant Hey, die Schiffsladung ist Kontrabande. Geh an Bord und lege Feuer!»

Zwei Mann vom U-Boot kamen in die Jolle. Auf der Rückfahrt merkte ich, daß etwas meine Schläfe berührte. Als ich aufsah, erkannte ich eine Pistole. Der Leutnant hielt sie die ganze Zeit, während wir ruderten, während wir an Bord kletterten und während wir in der Kajüte saßen, an meinen Kopf. Einer meiner Leute bekam den Befehl, Petroleumkanister zu holen, und alles wurde mit Petroleum übergossen. Ich fragte den Leutnant, was mit uns geschehen sollte. Er fragte, wieviele wir seien. Ich antwortete, sechs. «Was bedeutet das?» fragte er, «wir verlieren jeden Tag 20 000!» In diesem Vergleich nahmen wir sechs uns zwar nicht sehr zahlreich aus. Aber wenn man einer von diesen sechsen war, dann hatte die Sache doch ein gewisses Interesse.

Inzwischen hatte der Steuermann das große Boot zu Wasser gebracht. Daraufhin ging der Leutnant mit mir an Deck, brannte Sturmstreichhölzer an und warf sie durch das Skylight. Im Nu war die Kajüte ein Flammenmeer. Auch in den Luken und dort, wo das große Boot gelegen hatte, legte er Feuer. Noch während er die letzten Streichhölzer anzündete, sprang er ins Beiboot hinunter. Als ich ihm folgte, schlugen mir bereits Flammen entgegen und versengten mir Gesicht und Hände. Mit beiden Booten verließen wir die *Libra* und ruderten zum U-Boot. Dort sprang der Leutnant an Bord. Uns wollte er nicht mitnehmen. Unsere Fangleine wurde am Geländer festgemacht. Die Deutschen setzten ihre Maschine in Gang und schleppten uns weg von unserem guten, schmukken Schiff, wo die Flammen im Wind hochschlugen und alle Segel in der dunklen Oktobernacht hell aufleuchten ließen. Das war der 20. Oktober.

Später stoppte das deutsche U-Boot die *Edda* von Stockholm. Sie hatte Kohlen von Hartlepool nach Assens geladen. Das war keine Kontrabande. Aber da sie gerade eben Holz nach England gebracht hatten, waren die Schweden über die Situation nicht sehr glücklich. Wir durften dort an Bord gehen und landeten einige Tage später in Assens. Von da reisten wir nach Svendborg. Nicht in unserem üblichen Landgangszeug, sondern Seestiefeln, Ölzeug und Südwestern. Aber wir waren in Sicherheit. In Svendborg wurde die ganze Mannschaft vom Seeamt vernommen, und damit war die Geschichte der *Libra* zu Ende.»

1864, 1914 — 1918, 1939 — 1945 — drei Kriege, in denen Deutschland seinen nördlichen Nachbarn jedesmal unter erheblichen Druck zu setzen wußte. Zweimal mit Hilfe von U-Booten. Sie haben ihr Teil dazu beigetragen, das Unglück zu vermehren.

Schönheitsfehler

«Ich seh dir an der Nasenspitze an», sagte Christel nach dem Frühstück zu mir, «daß du jetzt am Motor pütschern möchtest!»

«Am Motor nicht, der läuft prima», verteidigte ich mich, «aber an der Kühlwasserpumpe stimmt was nicht.»

«Mach, was du willst, wir suchen solange das Weite. Wir gehen bummeln.»

«Mit anderen Worten: Einkaufen!»

Was blieb mir übrig, die Devisenfrage mal wieder im Sinne meiner Frau zu regeln. Jochen mochte sich auch nicht lumpen lassen. Immerhin wollte er mit ansehen, wo sein Geld blieb. Lächelnd folgte er in Kiellinie den eiligen Damen.

Meine Arbeit an der Kühlwasserpumpe blieb erfolglos. Ich radelte in den Hafen, wo mir ein Spezialist empfohlen worden war. Mit einem Wörterbuch bewaffnet trat ich in die Werkstatt. Aber wie sollte ich auf Dänisch erklären, was ich ja nicht einmal auf Deutsch genau auszudrücken vermochte. So begnügte ich mich mit den Worten «Lystkutter» und «Maschin kaputt!» und wurde sofort bestens verstanden. Man versprach mir schnelle Hilfe. Ich eilte zurück an Bord, um einen «großen Bahnhof» vorzubereiten. Kniekissen, Lampe, Werkzeug, Gebrauchsanweisung, Whisky, Bier und Zigarren. Zwei Stunden lang spähte ich zum Ufer, dann erschien gemächlich und leicht schwankend ein Koloß von einem Monteur. Erst aus nächster Nähe entdeckte ich die Ursache seines Schwankens. Ein winziges Fahrrad klemmte zwischen seinen Beinen und bog und wand sich bei jedem seiner Tritte. Das Bild erinnerte an die Zirkusvorführung eines dressierten Eisbären, und ich war nahe daran zu klatschen, als er heil vor der Tanja anlangte. Er lehnte sein schwaches Gefährt an die Brüstung und kam auf mich zu. Ängstlich maß ich seinen riesigen Leib. Die Tanja schrumpfte zu einer Winzigkeit zusammen, das Waschbord wurde zum Schwebebalken und der Niedergang zur Hühnerstiege. Nie würde er den Niedergang hinunterkommen. Ich erwog, selber nach unten zu steigen und nach seinen Anweisungen zu hantieren. Wie konnte man mir nur solch einen Riesen schicken? Mein Besucher schob sich wortlos an mir vorbei. Die Tanja neigte sich eindrucksvoll unter seiner Last. Ich rief «Nix Wasser!» und bekam ein unartikuliertes Murmeln zur Antwort. Er baute sich über dem Niedergang auf, atmete kräftig aus und glitt mit einer geradezu eleganten Drehbewegung unter Deck. Als ich vorsichtig zu ihm hinunteräugte, fingerte er bereits an allen möglichen Schrauben, hob und senkte die Kolben und nestelte schließlich eine winzige Feder aus einem Zylinder. Er drehte sie ein paarmal zwischen Daumen und Zeigefinger, kniff ihr dann mit einer Zange eine halbe Windung ab und baute alles wieder zusammen. Minuten später kletterte er wieder ans Tageslicht, deutete abwechselnd auf mich und auf den Motor und machte mit der rechten Hand eine kreisende Bewegung. Ich sollte den Motor anwerfen. Ich tat's, und siehe da: ein dicker Wasserstrahl schoß an Steuerbord aus Tanjas Leib, als wäre sie ein Löschboot geworden. Der Riese schüttete Bier und Whisky hinter die Binde, kassierte zwei Stundenlöhne, klemmte sich sein Rad zwischen die Beine und schwankte von dannen.

Beladen mit Paketen und behängt mit Tüten, kehrte meine Crew aus der Stadt zurück. In der Messe hob ein vierhändiges Rascheln und Knistern an. Früchte des Landes bedeckten schnell Fächer, Tische, Kojen und Fußboden. Den Clou enthüllte meine Frau zum Schluß mit zärtlicher Gebärde und legte ihn erwartungsvoll vor mir auf den Tisch. Eine längliche Platte aus grau und blau lasiertem Steingut.

«Oh, eine Käseplatte!» frohlockte ich pflichtschuldigst.

«Eine Käseplatte! Eine Käseplatte!» echote Christel entrüstet. «Das ist eine Wurstplatte für deine geliebte Salami!»

«Wie schön! Aber ist sie nicht für an Bord etwas groß?»

«Das ist alles, was du zu sagen hast? Ist sie denn nicht ganz bezaubernd? Gib doch zu, daß wir in Deutschland niemals so eine entzückende Wurstplatte bekommen hätten! So schlicht und doch so gediegen.»

Ich verkniff mir die Bemerkung, daß wir daheim auch noch nie eine Wurstplatte gesucht, geschweige denn vermißt hätten, wog den Gegenstand in der Hand und legte ihn vorsichtig auf den Tisch zurück. Er wackelte. Ich drehte ihn ein wenig. Er wackelte immer noch. Ich drehte ihn immer weiter, ohne eine feste Lage herstellen zu können. Ich nahm die Platte hoch und legte sie wie ein Schießgewehr ans rechte Auge: die Platte war krumm. Ich konnte die Entdeckung leider nicht für mich behalten.

«Du bist abscheulich! Ich kaufe uns so ein bezauberndes Stück echtes dänisches Kunstgewerbe, und du vergällst mir meine Freude mit so einem lächerlichen Einwand. Du ärgerst dich nur, daß du beim Aussuchen nicht dabei warst.»

«Jedenfalls hätte ich dann eine gerade Platte ausgesucht.»

«Die Platte ist gerade! Aber dein Tisch ist schief und krumm.»

«Liebling, nimm die Platte hoch. Sieh doch selbst, daß sie krumm ist. Niemals kann die Platte auf einem Tisch fest aufliegen. Es sei denn, man legt jedesmal eine Serviette darunter.»

«Na gut, dann tu das meinetwegen.»

«Einfacher wäre es aber doch, ich würde versuchen, die Platte umzutauschen . . .»

«Wenn du meine Platte umtauscht, dann will ich nichts mehr mit der Platte zu tun haben. Kauf dir dann meinetwegen einen Fender dafür oder sonst etwas für die Tanja. Ich will meine Platte oder gar keine.»

«Aber wenn ich genau die gleiche Platte bekommen kann?»

«Mach, was du willst!»

Hartnäckig und unverbesserlich machte ich mich am Nachmittag auf den mir von Jochen diskret beschriebenen Weg. Ich fand den Laden und auch die Verkäuferin. Die junge Dame zeigte sich meinen Argumenten und Demonstrationen gegenüber womöglich noch verständnisloser als meine Frau. Ich begann nun doch, an meinem eigenen Verstand zu zweifeln. Ist es wirklich so absurd, eine gerade Wurstplatte haben zu wollen? Kühl und höflich trat der Geschäftsführer zu uns und wies mir schweigend und mit ausgestrecktem Arm den Stapel grau und blau lasierter Steingutplatten zur freien Auswahl. Nach einigen Peilproben fand ich ein passables Stück und verließ erleichtert das Haus.

Wieder an Bord, wollte ich Christel mit der Standfestigkeit der neuen Platte friedlich stimmen. Da kam ich aber an die Falsche.

«Untersteh dich und pack diese Platte aus! Ich will sie nicht mehr sehen, bis wir in Hamburg sind. Leg sie unter deine Koje und damit basta!»

Svendborgs freier Westen
In memoriam

Wenn die Sonne gegen Abend zwischen den Inseln Fünen und Taasinge hinabgleitet, um in den breiten Sund zu tauchen, dann machen ihr alle die vielen Segler, die den Tag über das Bild beherrscht haben, bereitwillig Platz. Ein kleiner Wald von Masten sammelt sich im rötlich werdenden Vlies der Sonne, formiert sich zu kleinen zufälligen Flotten, marschiert zielstrebig sundaufwärts und lichtet sich unversehens im Bereich der vielen kleinen Liegeplätze, die beide Ufer säumen. Neue Boote tauchen auf, sammeln sich, überholen sich, trennen sich. Keines will — so scheint es — das letzte sein.

Als wir, gemütlich über die Brüstung der Hafenmole gelehnt,

die heimkehrenden Segler an uns vorüberdefilieren ließen, sahen wir schließlich nur noch zwei Mastenbündel eine Meile entfernt, die sich nicht von der Stelle rührten: Zwei Pfeilerstümpfe der neuen Brücke Fünen — Taasinge.

Vor wenigen Tagen noch hatten wir uns mit den Langeländern lustig gemacht über die Langsamkeit, mit der die Svendborger ihre Brückenpläne verwirklichten. Nun aber sahen wir selbst, wie schwer es war, einen geeigneten Platz für die Brücke zu finden. Wir wußten nicht, was den Ausschlag für das endgültige Projekt gegeben haben mochte. Jedenfalls bekam die Brücke nun den augenfälligsten und den schönsten Standort des ganzen Sundabschnittes. Es erhob sich allerdings die Frage, ob eine Brücke überhaupt dorthin gehörte. Bedeutete eine Brücke nicht immer eine erhebliche Störung oder zumindest eine Veränderung des Landschaftsbildes? Die Svendborger besaßen nach Westen den herrlichsten Ausblick. Eine Attraktion, um die sie viele Nachbarn beneideten. Und eben dieses Fenster in die Ferne, in den goldenen Abend, auf das die Waldufer zurückdrängende Wasser ließen sie sich nun vergittern. Mochten die Pfeiler noch so schlank und die Fächer noch so flach ausfallen, es würde doch ein Netz werden, in dem sich der freie Ausblick fangen müßte.

Wir machten einen Besuch auf der Baustelle im St.-Jörgens-Park. Wenn die Technik von irgendeinem Stück Land oder Meer Besitz zu ergreifen beauftragt ist, dann entwickelt sie einen komplizierten Organismus, der meist um ein Vielfaches größer ist als das ganze Vorhaben. Auch dieser Brückenkopf war auf über einen Kilometer Länge zu einer mächtigen Fabrikationsanlage geworden. Die Produktion lief auf Hochtouren. Wir standen mit einem blutjungen Ingenieur neben seiner hoch gelegenen Baracke und schauten wie von einem Feldherrenhügel hinab auf das Getriebe unter uns. Hier oben befand sich die Befehlszentrale, alle Arbeiten wurden hier angeordnet, überwacht und koordiniert. Die Stein-, Kies- und Sandhalden befanden sich in ständigem Zu- und Abnehmen. Auch auf den rostroten Baustahlgevierten herrschte lebhaftes

Kommen und Gehen. Überall bestimmten stämmige kleine Dieseltrecker Rhythmus und Energie der Arbeit. Unermüdlich kletterten sie auf und ab und furchten wie dicke bunte Käfer das Gelände.

Befand sich der Kopf des Ganzen oben in den Baracken, so konnte man die lange rechteckige Plattform, die vom Strand ein gutes Stück ins Wasser reichte, für den Körper nehmen. Wie auf einem großen Zeichentisch, mit dem Maßstab eins zu eins, wurden hier alle vorzufertigenden Teile der Brücke nacheinander aufgerissen, eingeschaltet, bewehrt, geschüttet und schließlich von hier aus an den endgültigen Ort ihrer Bestimmung transportiert, und zwar je nachdem über Land oder über das Wasser. Für diesen Zweck wurde eigens ein Hafen angelegt mit Ladebäumen, Schwimmkränen und Gleisverbindungen. Immer wenn ein Teil fertig war, zum Beispiel ein Senkkasten, dann fand ein regelrechter Stapellauf statt. Ein neuer Senkkasten war eben am Ausrüstungskai vertäut worden. Diese viereckigen Betonkörper wurden schwimmfähig konstruiert. Aber ihre Jungfernreise pflegte schon nach wenigen hundert Metern zu enden. Denn erst, wenn man sie an bestimmter Stelle kunstgerecht versenkt hatte, erfüllten sie ihren Zweck als Fundament für die 33 m hohen Brückenpfeiler.

Das Bild auf dieses produktive Chaos mußte jeden Betrachter faszinieren. Trotzdem wollte ich eine Frage an den Ingenieur loswerden. Ob er denn wirklich fände, daß in diese sich so einmalig nach Westen öffnende Landschaft wirklich das Bild einer Brücke paßte? Er lächelte amüsiert und meinte: «Wissen Sie, wenn man wie ich das Bild einer modern konstruierten Brücke schön findet, dann ist es einem ganz gleich, wo sie steht. Sie wird immer eine Augenweide sein.» Das war die Ästhetik eines Ingenieurs. Er war erfüllt von seiner Arbeit und verteidigte sein Werk mit jener ausbalancierten Mischung von Kalkül und Enthusiasmus, gegenüber der man sich rückständig vorkam. Das war also einer der Menschen, die die Zukunft gepachtet haben.

Unseren Rückweg legten wir durch die künstliche Wald-
schneise, die am Brückenkopf landeinwärts geschlagen worden war. In regelmäßigem Abstand ragten die mächtigen
Steinsäulen in den Himmel, ihre Köpfe gespickt mit Stahl-
draht wie überdimensionale Schirmständer. Wenn in vier Jahren die letzte der 37 Säulen aus Sand oder Meer zu voller
Höhe emporgewachsen und das letzte Fach in die letzte Öff-
nung eingeschwommen ist, schießt ein neuer Verkehrsstrom in
luftiger Höhe in seine vorbestimmte Bahn. Der St.-Jörgens-
Park aber wird wieder in Frieden von seinem Ufer Besitz ergreifen und mit all dem Grün, das die Natur unter Beton und
Eisen in Bereitschaft hielt, seine Wunden heilen und die herku-
lischen Säulen in seinen Bereich einbeziehen. Mögen über ihm
auch die Wagen brummen.

Eine beliebte Schule

Im Svendborg Sund, noch ein Stück westlicher als die neue
Brücke, lag die «Lila Dan» vor Anker. Dieser Zweimasttop-
segelschoner war Schulschiff und Aushängeschild zugleich für
J. Lauritzens Seefahrtsschule, deren langer Gebäudekomplex
vom hohen, zum Wasser sich sanft neigenden Ufer wie ein
Schloß Land und See beherrschte.
Ich äußerte den Wunsch, auf eigenem Kiel der Schule einen
Besuch abzustatten. Christel aber überzeugte mich davon, daß
unser Liegeplatz im Yachthafen schöner sei als alle Seefahrts-
schulen der Welt. Ihn aufzugeben, wäre eine Sünde. Ich solle
nur brav mit dem Bus nach Kogtved fahren. Dann käme sie
sogar auch mit, um aufzupassen, daß ich niemand lästig fiele.
Landeinwärts, umgürtet von einem majestätischen Kranz alter
Bäume, machte das zweigeschossige Backsteingebäude mit dem
hohen Satteldach den Eindruck eines herrschaftlichen Muster-
gutes. Erst der marineblau gekleidete Eleve im Eingang be-
stätigte uns, daß wir es mit einer Seefahrtsschule zu tun hatten.

Offenbar paßte ein privater Besuch wie der unsere jedoch in keine Dienstvorschrift, war vielleicht sogar verboten, was man uns aus Höflichkeit verschwieg. Jedenfalls komplimentierte man uns durch diverse Amtsstuben, bis wir schließlich beim Direktor der Schule landeten. Herr Eisfeldt erhob sich in khakifarbenem Hemd und Hose von seinem Schreibtisch, um uns zu begrüßen. Eher der Typ eines amerikanischen Offiziers als der eines dänischen Schullehrers. Aber im Laufe der Unterhaltung spürten wir schnell, mit welchem Ernst und welcher Gründlichkeit er junge Menschen auf Beruf und Leben vorbereitete. Lauritzen hatte sich den richtigen Mann ausgesucht für die Ausbildung seines Nachwuchses. Die athletische Erscheinung und ein ernstes, distanzierendes Wesen kamen Eisfeldt als Menschenführer sehr zu statten. Ganz offenbar dominierte in ihm der Erzieher über den Seemann. Die seemännische Schulung blieb auch nur ein Teil der gesamten Ausbildung, von der Eisfeldt sagte: «Hier wird viel gemacht, und

manches darunter ist nicht sehr beliebt, wie Tanzen oder
Wäschewaschen. Aber auch im Leben muß man vieles tun,
wozu man keine Lust hat. Und diese Schule soll zum Leben
erziehen.»

Ein Maat führte uns anschließend hinauf unters Dach, wo an
langen Korridoren, genau wie auf großen Schiffen, die kleinen
adretten Logis der etwa 50 Schüler lagen. Während der erste
Stock den Lehrkräften und der Verwaltung vorbehalten blieb,
enthielt das Parterre große Tagesräume, Bibliothek, Messe
und Unterrichtsstuben. Im neuen Seitenflügel schloß sich eine
große Turnhalle an, die mancher staatlichen Schule zur Ehre
gereicht hätte. Im Keller schließlich ging es dann ganz handfest zu. Im Takelraum hingen Dutzende von Draht- und Tau-
spleißen wie Pferdehalfter an den Wänden. Die Pfeiler
schmückten blanke Werkzeuge, mit denen alle Arten Decksarbeit ausgeführt werden konnten. Ein Dorado für jeden
Maat, seine Zöglinge schwitzen zu lassen.

In der Pantry und Waschküche ging es gerade hoch her. Überall hantierten Jungen in dunkelblauer Kluft und schienen keineswegs ungnädig über ihre «unmännliche» Arbeit. Jedenfalls
übertrug sich das Schmunzeln meiner Frau im Nu auf das
ganze Völkchen, und die Emsigkeit wuchs sogar noch um
einige Grade. Eine Neuerung bildete auch die Schmiede mit
je drei Essen und Ambossen. Hier konnten angehende Inge-
nieure erste praktische Kenntnisse in der Metallverarbeitung
erwerben.

Lauritzens Seefahrtsschule ist die einzige private Ausbildungs-
stätte für Handelsseeleute auf der Welt. Und in ihrem heutigen Ausmaß ist sie sogar ein Kind des Krieges. Als die dänischen Schulschiffe während der deutschen Besetzung an die
Kette gelegt wurden, bangte der weitsichtige Lauritzen um
den Nachwuchs für seine Flotte. So wurde das schöne Grund-
stück bei Kogtved gekauft und die Ausbildung aufs Land ver-
legt. Bald nach dem Kriege wurden auch wieder Schulschiffe
in Dienst gestellt, aber dennoch blieb von nun an der Unterricht in der Schule das Fundament der Ausbildung. Nur je-

weils vierzehn Tage innerhalb seines halbjährigen Lehrganges verbringt ein Kadett auf der «Lila Dan».

Als wir über den Rasenhang hinunter ans Ufer gingen, kletterten gerade einige Jungen auf die Rahen des Schoners und schlugen die Segel an. Es schien uns, als würde das Schiff jeden Moment den Anker lichten. Aber noch war alles nur Übung, denn erst drei Tage später sollte es auf die Reise rund um Fünen gehen, wenn die Handgriffe ein wenig geübt waren.

Die Reise auf der «Lila Dan» war natürlich der Höhepunkt jedes Lehrgangs. Von seinem weithin sichtbaren Ankerplatz mitten im Sund lockte der rote Schoner immer neue Jahrgänge in die Seefahrtsschule und animierte sie zu einem Beruf, der wie kein anderer das Fernweh der Jugend zu stillen vermag. Nicht ohne einen Anflug von Stolz sagte uns Eisfeldt beim Abschied, Nachwuchssorgen gäbe es bei J. Lauritzen nicht.

Abschied von Svendborg

Am Morgen, als wir Svendborg Lebewohl sagten, verhüllte die Sonne traurig ihr Antlitz. Ein steifer Nordost trieb graue Wolken in immer neuen Scharen über die Insel. Die Luft kühlte merklich ab. Christel und Silke blickten vorwurfsvoll zur Schiffsleitung, als käme die Wetteränderung von dort. Das einzige, was ich unschwer versprechen konnte, waren glattes Wasser und eine frühe Ankunft in Faaborg. Aber ich stieß auf Unglauben. Mein gut gemeinter Optimismus schien den Damen längst kein Gewährsmann mehr. Auch unterstellten sie meinem Seekartenlesen bauernfängerische Motive. Ich erhielt den unmißverständlichen Rat, alle Prognosen für mich zu behalten. Zu gegebener Zeit wolle man sich selbst ein Bild von der Situation machen.

Einzig die Tanja fühlte sich ganz sauwohl. Halben Winds durchschnitt sie mit gleichmäßiger Krängung das glatte Wasser des Sundes und ließ sich mit Fingerspitzen steuern. Die Pinne handhabte sich wie ein heißes Messer in der Butter. Wir passierten die beiden ersten Pfeiler der neuen Brücke. Auf den aus dem Wasser ragenden Stümpfen turnten behelmte Arbeiter. Sie winkten uns fröhlich zu: noch fühlten sie sich offenbar auf ihren kleinen Beton-Inselchen dem Meer und der Seefahrt zugehörig. Wenn die Trasse sich erst in luftiger Höhe über die Pfeiler schob, würde niemand mehr Notiz von uns nehmen. Vorbei ging es an der «Lila Dan». Eben hatten die täglichen Übungen an den Rahsegeln begonnen.

Dann lag der sich langsam öffnende Sund ganz frei vor uns. Weit im Westen traten kleine Inseln über die Kimm. Taasinges stille Waldküste schwenkte mit jeder kleinen Bucht ein wenig weiter nach Süden. Fünens Ufer aber blieb uns noch eine ganze Zeitlang nahe. Bauern-, Fischer- und Wochenendhäuschen schmiegten sich in bunter Folge eng aneinander, jedes eingefaßt von einem sorgsam gepflegten Gartenhag. Fünens Riviera könnte der Uferstrich heißen. Aber Dänemarks Märcheninsel war nie verlegen um eigene Namen für ihre vielen schönen Plätze. Svendborgs idyllischer westlicher Ausläufer trägt den Namen Tankefuld — Gedankenvoll. Beim Klang dieses Wortes legt sich fast ein wenig Melancholie über die kleinen Häuser, oder macht das nur der graue Himmel? Wir hätten gern gewußt, wie der Name entstanden ist, er paßte so gut in die Zeiten des jungen Hans Christian Andersen.

In einem der kleinen strohgedeckten Häuser von Tankefuld hat übrigens auch ein deutscher Dichter lange Jahre der Emigration verbracht. Bert Brecht schrieb hier zwischen 1933 und 1941 u. a. «Das Leben des Galilei», «Mutter Courage» und «Der gute Mensch von Sezuan».

Die Tanja segelte unbeirrt westwärts und passierte die kleine Insel Skarö, die wie eine Narrenmütze mit abstehenden Schellenkappen vor dem Sund liegt, wo er sich gleich dreimal gabelt: in das Knudedyb, eine sich eng an Taasinges Westküste schmiegende Stromrinne, in das ausgetonnte Fahrwasser für die Äröfähren und das breite Sundbett nach Westen. Immer neue graue Wolkenfelder zogen über Fünens Himmel, und um den kräftigen Schiebewind brauchten wir uns keine Sorgen zu machen. Er blieb uns treu. Dennoch hatte ich Lust, den mittäglichen Seewetterbericht zu hören. Ich habe bereits gestanden, daß ich kein sehr gewissenhafter Radiogast bin. In dänischen Gewässern genügt es mir, einmal am Tage eine Vorschau zu bekommen. Auf dieser Reise blieb jedoch auch das meistens ein frommer Wunsch.

Es gelang mir diesmal tatsächlich, den Wetterbericht zu empfangen. Er sprach von 5 — 6 Stärken aus NO für die westliche Ostsee. Die Damen furchten die Stirnen und verlangten einen Kommentar, warum ich das Limit überschritten hätte.

«Es weht zur Zeit nur vier. Und bis es mehr werden kann, sind wir längst in Faaborg. Es liegt dort um die . . .».

«Laß mich mit deinen Ecken in Ruhe. Sag mir ganz ehrlich, ob es nicht besser ist, wenn wir umkehren.»

«Nach Svendborg zurück. Das würde bedeuten gegenan! Das wäre eine feuchte Angelegenheit, und es würde viel länger dauern, denn wir müßten vielleicht kreuzen. Wenn du wissen willst warum, müßte ich . . .»

«Nein, vielen Dank!»

Luft und Stimmung kühlten merklich ab. In den grimmigen Gedanken meiner Frau las ich wie in einem Buch: daß er nie zurück will! Immer muß er sein Ziel erreichen, und wir müssen mit. In Svendborg war es so schön. Er behauptet nur, wir müßten kreuzen, weil er nicht zurück will. Wer weiß, was Faaborg für ein Kaff ist.

Immerhin machte die Tanja gute Fahrt, und als wir die Südspitze von Sankt Svelmö rundeten, sahen wir in der Ferne schon einen Schornstein und Lagerhäuser von Faaborg. Das Eiland mit dem hübschen Namen Sankt Svelmö gehört zu den zahlreichen Miniaturinseln Dänemarks, die dank einer kleinen Erhebung auf der Wetterseite der anbrandenden See in geradezu rührender Weise trotzen.

Umgeben von Aalgründen, Steinfeldern und Stellnetzen, bilden sie auf windglatten Wiesen stille Enklaven der Viehzucht.

Ein Schutzhaus, eine Hürde, ein geschützter Landeplatz, wo ein flaches Boot angepflockt oder hochgezogen werden kann, sind die einzigen Zeugen dafür, daß auch hier der Mensch seine Hand im Spiel hat.

Hansebugt und Faaborg Fjord bilden eine große Wasserfläche.. Aber zwischen ihnen schiebt sich eine teilweise nur 30 cm flache Sandbarre von Ufer zu Ufer. Durch eine 100 Meter breite Baggerrinne gelangten wir in den Faaborg Fjord, der in seiner Abgeschiedenheit und halbkreisförmig von grünen Ufern umgeben wie ein Binnensee anmutete. Die Luft schmeckte nach Heu.

Faaborg blüht im Stillen

Faaborgs Hafen besteht aus einem großen Außenbecken und einem kleinen inneren. Als wir einliefen, bot die weitläufige Anlage ein Bild völliger Ruhe. Vom pulsierenden Leben Svendborgs hatte sich Faaborg offenbar nicht anstecken lassen. Erst als sich Auge und Ohr an das Faaborger Stilleben gewöhnt hatten, entdeckten wir ein wenig Betrieb. Ein Tankschiff und ein Kohlentender löschten im Außenhafen. An der Nordpier, wo sich weiße Fischerboote mit knappen bretthart gespannten braunen Stützsegeln um Holzpontons drängten, stapelten Besatzungen leere Kisten auf ihre Decks. Dahinter am Ufer breiteten andere braune Netze über hölzerne Hürden. Auch der Innenhafen war leer. Die 150 m lange Mittelpier schien für Ozeanriesen bestimmt und nicht für uns. Wir genierten uns geradezu, dort festzumachen, aber das Segelhandbuch wies uns unmißverständlich dorthin. Wenn ich in einen fremden Hafen einlaufe, halte ich gern nach anderen Yachten Ausschau. Wo Sportsfreunde festgemacht haben, da suche auch ich mir gern Plätzchen. In der Geborgenheit der Menge, die Erfahrungen der «Leittiere» ausnutzend, fühle ich mich am sichersten gegenüber den Ansprüchen der Stärkeren. Liegt aber keine Yacht im Hafen und ist darüber hinaus eine ganze Pier leer, so schöpfe ich Verdacht. Die Offerte ist nicht geheuer. Warum ich argwöhnisch war, konnte ich auch jetzt nicht logisch erklären, und meine Crew fand, daß ich mich zu sehr anstellte. Ich muß zu meiner Entlastung sagen, daß ich mich in jüngeren Jahren beim Suchen von Liegeplätzen nicht so geziert hatte. Aber die Sitten auf See sind rauher als an Land. Da kommt kein höflicher Ordnungshüter und bittet um gelegentliche Überweisung einer Strafgebühr. Nein, da heißt es dann mitten in der Nacht, auf jeden Fall zu ungelegenster Zeit und aus rauher Kehle: «Verhol Di!», weil ein sturer Berufsschiffer genau an der Stelle, wo man lag, seinen Kümo, Fischkutter, Fährschiff usw. festmachen muß. Wenn man dann oft genug frierend im Pyjama oder fein in Schale zum Landgang nasse, schmutzige Leinen eingeholt, sich einen neuen, meist schlechteren Liegeplatz gesucht und die Leinen wieder ausgebracht hat, dann wird man vorsichtig. So drehten wir also ein paar Runden vor der leeren Pier. Da erschien ein älterer Mann in der blauen Montur eines Hafenarbeiters und gestikulierte beiläufig, daß wir hier festmachen könnten. Wir fanden die Mitteilung zwar ganz beruhigend. Aber war sie überhaupt legitim? Wer war dieser Mann, der sich jetzt auf sein Fahrrad schwang und langsam, so langsam, wie eben nur echte Dänen es können, stadtwärts gondelte? Handelte er im Auftrage des Hafenmeisters?

Wir fragten sicherheitshalber einen Passanten. Die Antwort beruhigte drei von uns sehr. Allein Jochen brachte sie aus dem Konzept. Der «Monteur» war der Hafenmeister selbst gewesen! Armer Jochen! Jäh sah er seine Regel von schneeweiß bemützten, militärisch adretten Herren durchbrochen, die die Tanja an Hafenpiers zu empfangen und einzuweisen hatten. Aber wir kannten Jochen schlecht, wenn wir glaubten, daß er es bei diesem Stilbruch hätte bewenden lassen. Am Abend las er die Südfünschen Nachrichten und erfuhr, daß in Faaborg gestern wieder (!) zwei Schmuggler in flagranti ertappt worden waren. Faaborgs Hafen würde in zunehmendem Maße

von Schmugglern angelaufen. Das war des Rätsels Lösung: Der Hafenmeister betätigte sich nebenbei als Zivilstreife. Wer weiß, vielleicht hatte er auch uns für Schmuggler gehalten. Jochens Dänemarkbild war wieder heil.
Faaborgs Schönheiten und Merkwürdigkeiten lassen sich ohne Mühe entdecken. Unseren Liegeplatz hatten wir bereits vis-à-vis eines kleinen architektonischen Juwels genommen. Eingerahmt von hohen Laubkronen leuchtete anmutig und stolz ein kleines schneeweißes Gartenhäuschen über den Kai zu uns herüber. Ein feingeschwungenes graues Schindeldach saß fest auf akkurat sechseckigem Mauerwerk. Licht flutete durch die Butzenscheiben von Wand zu Wand. Die lange Schindelspitze war ganz vergoldet und trug einen zierlichen Morgenstern: Symbol des Christentums und weltweiter Seefahrt zugleich.

Das Gartenhaus stammte aus dem 18. Jahrhundert und diente dem Kaufmann und Reeder Ploug als Refugium und Aussicht. Von hier konnte er wie von keinem anderen Platz den ganzen Hafen überblicken und die Anlegemanöver seiner aus Übersee heimkehrenden Schoner verfolgen. Alles was im Hafen, auf den Schiffen oder an den Kais geschah, lieferte ihm der Blick durch die hellen Fenster seines Gartenhäuschens wie auf einem Präsentierteller. Plougs ganzes Anwesen, das zweistöckige Haupthaus, das Lagerhaus, das Hof und Garten trennte, und die Seitentrakte bildeten heute das Heimatmuseum. In den verwinkelten Räumen war die Zeit stehengeblieben. Ein wenig beklommen schlängelten wir uns gebückt durch die Kämmerchen, schauten in winzige Alkoven und Schränkchen. Hier und da brachen die Damen in Rufe des Entzückens aus. Aber was einst die Residenz eines reichen Kaufmanns und der Mittelpunkt eines weltweiten Unternehmens gewesen war, mutete uns heute an wie ein Puppenhaus.

Wenige Schritte von Plougs Haus entfernt lag ein anderer wohlerhaltener Hof. Er gehörte der Familie Voigt und war Schauplatz einer berühmten Romanze. Bei der vierundzwanzigjährigen Riborg Voigt verlor Hans Christian Andersen sein Herz. Er kam im Jahre 1830 nach Faaborg, um seinen Freund Christian zu besuchen, einen Sohn des Großkaufmanns Voigt. Er bezog das Postkutschen-Wirtshaus und schrieb über den ersten Tag folgendermaßen: «*Am Morgen machte ich mich fein für den Besuch und ging ziemlich früh los zu dem angesehenen Hof. Die älteste Tochter war allein im Zimmer. Es war ein wunderschönes, frommes Gesicht, aus dem ein kindliches Gemüt sprach, mit klugen, ausdrucksvollen Augen, die braun und lebhaft waren.*» Vom Fenster aus konnte der Student Andersen auch auf die Apotheke blicken. Man hatte ihm erzählt, der Apothekersohn sei sein Rivale um Riborgs Gunst. Mochte Hans Christian die braunäugige Riborg aber noch so heiß begehren, er erreichte mit seiner Werbung genau das Gegenteil. Großkaufmann Voigt hörte kaum von der Gefahr, die in Gestalt eines umherwandernden Dichters ohne feste

Einkünfte seiner Tochter drohte, als er sich eilends auf den Apothekersohn besann, dessen Anträge er zuvor noch sehr kühl abgelehnt hatte, weil ihm ein Pillendreher nicht gut genug als Schwiegersohn war. Riborg kam unverzüglich unter Nachbars Haube. Hans Christian hatte das Nachsehen. Aber sein Verzicht wurde in anderer Weise belohnt. Die Nachwelt flocht seiner Minne einen Kranz, der sicher viel romantischer und glänzender ausfiel, als wenn Riborg Frau Andersen geworden wäre. So bekam Faaborgs Stadtgeschichte ihren schönsten Schnörkel, der Apotheker sein wohlverdientes Weib und Edvard Grieg den Text für eines seiner berühmtesten Lieder.

Faaborgs jüngste Sehenswürdigkeit ist der Ymer-Brunnen auf dem Marktplatz. Im deutschsprachigen Reiseführer hatte ich gelesen, daß Ymer eine Art dicker Milch sei und seinerzeit Streit und Ärgernis erregt habe. Weder Jochen noch ich konnte sich darauf einen Reim machen. Silke und Christel *wollten* es nicht. Ich beschloß, der Sache nachzugehen. Christel ahnte nichts Gutes und sah sich bereits im Kielwasser eines unersättlichen und dickköpfigen bildungswütigen Skippers auf sämtlichen Polizeirevieren, in Buchhandlungen, Leihbüchereien, Schulen, Touristenvereinigungen usw. Station machen, und das so lange, bis kein bißchen Zeit mehr bleiben würde für shopping in Boutiquen, Souvenirläden und Modesalons. Sie schoß prompt den ersten Pfeil ab. «Daß du immer in den ungeeignetsten Augenblicken den unwichtigsten Dingen auf den Grund gehen mußt! Du verdirbst uns die ganze Landgangsstimmung.» «Aber schau mal, das ist doch etwas sehr Bemerkenswertes. Das muß doch ein ziemlich heftiger Streit gewesen sein, wenn man ihm nachher ein Denkmal setzt mitten in der Stadt. Ich wittere da einen kleinen Bauernkrieg.»

«Hör mir bloß auf mit einem Kriegerdenkmal. Wir sind im friedlichen Dänemark und nicht zu Hause.»

«Du bist eben bildungsfeindlich.» Ich blinzelte zu Jochen.

«Also, du läßt dich ja doch von deinem Vorhaben nicht abbringen. Ich bin neugierig, was Dickmilch mit Bildung zu tun hat.»

Ich begab mich auf Erkundungsreise, bekam aber nirgends eine befriedigende Antwort. Der Dickmilchkrieg hatte nicht stattgefunden. Schließlich holte ich im Verkehrsbüro meinen Reiseführer heraus. Die hatten ihn gedruckt und mußten es wohl wissen. Man lächelte verlegen. Ymer sei hier in seiner zweiten, aber in diesem Falle nicht zutreffenden Bedeutung übersetzt worden. Ymer sei ein Held der Mythologie, und weil er auf dem Denkmal ganz unbekleidet dargestellt worden sei, hätte das Denkmal selbst Ärgernis erregt. Bei der Einweihung hätten Bewohner der umliegenden Häuser Vorhänge und Fensterläden demonstrativ geschlossen. Mein Wissensdurst war gestillt, und geduldig ertrug ich den Spott meiner Crew. Jetzt allerdings erwachte die Neugier der Damen, und sie dirigierten uns auf den Markt zum Lokaltermin. Jetzt wollten sie es wissen. Auf knappem Sockel schmiegte sich die mythologische Dreiergruppe Rind, Säugling, Mann eng um ein winziges Brunnenbecken. Ymer, der starke nackte Held, hatte sich auf den Rücken gelegt, um am Euter zu trinken, und seine Männlichkeit war schutzlos den Blicken der Betrachter ausgesetzt. «Meine Güte, wie harmlos!» dachte ich im stillen. Da raunte mir mein Weib zu: «So geringschätzig brauchst du wahrhaftig nicht zu tun!»
«Wolltest du nicht jetzt shopping gehen, mein Liebling?» lenkte ich ab.
«Gern, mein Schatz.»
Die Exkursion war beendet.

Poul Kinafarers Hof

Schon die ersten Läden rechts und links der Hauptstraße zeigten uns sehr deutlich, daß Faaborg nicht mit heimatlichen, geschweige denn Kopenhagener Maßstäben gemessen werden wollte. Der Mode gab es hier nichts zu opfern. Aber eine geschickte und zielstrebige Ehefrau, die ihren Mann einmal auf einen Boulevard geschleppt hat, läßt sich davon nicht irre machen. Das verplante Geld muß, wie jeder außerordentliche Etat, einer sofortigen Bestimmung übergeben werden. Wer weiß denn, wann Zeit, Geld und Lust des Ehemannes, die nun einmal zum richtigen Einkaufen gehören, wieder zusammenkommen? Die dänische Volkskunst stand auch in Faaborg in voller Blüte, auf Anhieb bereit, in die Bresche zu springen, sei es zur Bereicherung eigener Vitrinen oder mütterlicher Glasstürze. Auf der Suche nach einem Kompromiß dirigierte ich unsere kleine Flottille aus dem zickzack-förmigen Kielwasser meiner Frau heraus und, der Richtung eines Antiquitätenschildes folgend, durch einen Torweg. Im Hof vor uns erhob sich mein eigentliches Ziel: Poul Kinafarers Gaard. Behäbig lag das lange rotschwarze Fachwerkhaus in der Nachmittagssonne. Ein alter Bau. Jahrhunderte hatten ihn gebogen und gezerrt. Die schwarzen Fensterläden und Türen standen offen und luden gleichermaßen zum Hineinschauen und Eintreten ein. Drinnen empfing uns ein Chaos aus Holz, Glas, Porzellan, Steingut, Papier und allen Arten Buntmetall. Das Ganze nannte sich Hemstras Antiquitätenhandel. Bald zeigte sich auch der Herr dieses Reiches. Er nahm uns mit freundlicher Gleichgültigkeit zur Kenntnis. Das war sein Stil.

Herr Graesholm schwenkte seinen Arm über den Wirrwarr, gelassen Distanz andeutend zu all seinem Inventar. Über eine schmale Treppe führte er uns ins Obergeschoß. Der langgestreckte Raum umfaßte das ganze Geviert des Hauses. Durch die südliche Fensterreihe flutete die goldene Nachmittagssonne herein und beglänzte eine schier unübersehbare Sammlung von Möbeln und Hausrat; Schränke, Tische, Sessel, Vitrinen standen nebeneinander. Emaillen, Lampen, Bilder, Gefäße hingen von der niedrigen Balkendecke herab. Sofas und Stühle waren drapiert mit kolorierten Stichen aus allen Teilen der Welt. Graesholm ließ uns allein, wohl wissend, daß Unordnung die Entdeckerillusion anzustacheln pflegt und nach und nach vergessen macht, daß alle diese Dinge ja schon einmal, nämlich von ihm selbst, entdeckt und mit einem reellen Tagespreis versehen worden waren. Den mußte man aber jeweils erst bei ihm erfragen.

Wir strichen neugierig von einem Ende zum anderen. Christel entdeckte ihr geliebtes Zwiebelmuster-Service, Silke nahm ein altes Butterfaß aufs Korn, damit ihr Mann endlich mal zu einem anständigen Papierkorb käme, während Jochen sich für zwei Hula-Hula-Mädchen erwärmte, ein farbenfrohes Konterfrei nach Seemannsart, appetitanregend oder die Erinnerung bewahrend, je nachdem, ob Kurs Hawaii oder Kurs Heimat anlag. Ich entdeckte eine sehr alte Hausbank, die auch als Truhe benutzt werden konnte. Eine schöne klare Architek-

tur in Renaissance-Stil. Eine dicke Staubschicht, Rost, Wind-
risse und morsche Stellen machten das Stück aber recht un-
scheinbar. Meine Frau dafür zu begeistern, war dennoch kein
Kunststück. Sie plazierte die Bank bereits im Geiste auf unserer häuslichen Diele, während ich noch dabei war, einen sicheren Platz an Deck der Tanja zu finden. Aber unsere Spekulationen erwiesen sich als voreilig.

Graesholm nannte uns einen Preis, der gut und gern mit Kopenhagener Maßstäben zu messen war, aber nicht mit unseren
finanziellen Mitteln. Graesholm ließ das gleichgültig. Er zog
uns in einen kleinen Lattenverschlag, in dem er sein Büro in-
stalliert hatte, und hob uns zwei kleine, aber schwere ein-
armige Leuchter entgegen. Sie waren aus Gold. Über sein un-
bewegtes Gesicht huschte ein Anflug von Stolz, als er uns die
Geschichte der Leuchter erzählte: «Barockleuchter aus der Zeit
Christians IV. Sie dienten wahrscheinlich in einer kleinen
Kirche als Altarleuchter. Der letzte Besitzer war ein Arzt. Vor
fünf Jahren kaufte ich ihm den ersten Leuchter ab. Er hatte
zwei Jahre zuvor seine Praxis aufgegeben, in der Annahme,
er würde nicht mehr lange leben. Das Nichtstun weckte in ihm
die Reiselust. Er verkaufte mir einen Leuchter und fuhr mit
dem Geld nach Italien. Ich wollte gleich beide Leuchter haben.
Aber er ließ sich darauf nicht ein.»

«Und nun ist er gestorben . . .»

«Keineswegs. Es geht ihm besser als je. Aber die Reiselust . . .
Er ist jetzt in Spanien.»

«Das Warten hat sich gelohnt.»

Graesholm war von Haus aus weder Antiquitätenhändler
noch Tischler. In jungen Jahren ausgezogen, um Amerika für
sich zu erobern, plagte ihn das Heimweh nach den grünen
Inseln sehr bald. Er kehrte zurück und warf seinen Lebens-
anker in Faaborg bei Meister Hemstras Tochter. Hemstras
Werkstatt war klein, aber sein Ruf als Kunstexperte und Re-
staurateur um so größer. Er gehörte noch dem seltenen Schlage
von Handwerkern an, deren guter Ruf das Geldverdienen
erschwert, weil sie der Ansicht sind, daß zu hohe Preise den

143

Ruf beeinträchtigen. Einst besuchte ihn ein reicher Kopenhagener Kunsthändler, als er gerade dabei war, einen schön gedrechselten kleinen Rokoko-Stuhl zu waschen, was vor einer gründlichen Restauration zu geschehen pflegt. «Den muß ich haben. Was soll er kosten?» rief der Besucher aus. Er war ein Millionär. Hemstra hätte ihm jeden Preis nennen können. Aber er sah von seinem Stuhl hoch und dem Kollegen tief in die Augen: «Du kannst ihn haben! Aber nur unter einer Bedingung. Du darfst nicht zwei daraus machen!»

Ich weiß nicht, wie der Handel ausgegangen ist. Aber ich weiß, daß der Schwiegersohn aus Amerika diese «harten» Bedingungen nicht mehr an seine Kunden stellt. Graesholm stieg als Kaufmann ins Geschäft. Er erwarb die Häckselscheune der Faaborger Fuhrunternehmer für Möbellager, Werkstatt und Ausstellung. Da niemand ihm sagen konnte, woher der Fachwerkbau stammte, fuhr er eines Tages aufs Katasteramt nach Svendborg, um alte Stadtpläne von Faaborg zu studieren. Er entdeckte, daß das ganze Areal einst einem berühmten und schwerreichen Reeder und Kaufmann gehörte, der unter dem klangvollen Namen Poul Kinafarer in die Stadtgeschichte Faaborgs eingegangen ist. Graesholm brachte das Haus wieder in Schuß, gab ihm den heutigen Namen. Eine touristische Attraktion, die der Verkehrsverein gratis und franko in sein Programm aufnahm. Für Reklame war gesorgt, und dazu gehörten auch die beschriebene Unordnung und der nachlässige Verschluß. So riegelt Graesholm zwar in der Mittagspause und am Abend das Haus ab, aber ganz Faaborg weiß, daß der Schlüssel im touristischen Bedarfsfalle unter der Treppe zu finden ist.

Mads Tomat

Am Ende der Östergade erhebt sich wehrhaft wie ein Stadttor und fensterlos, als gälte es, ein großes Geheimnis zu wahren, Faaborgs Stolz: das Museum. Zur gleichen Zeit, als sich in München Lenbach und in Berlin Liebermann als Malerfürsten feiern ließen, etablierte sich im südlichen Fünen eine ansehnliche Künstlerkolonie, die sich, wie konnte es anders sein, dem Naturalismus verschrieben hatte. Maler, Graphiker und Bildhauer siedelten sich in und um Faaborg an und machten es zum dänischen Worpswede. Wie sich jede Stadt auf Künstler etwas zugute hält, die in ihren Mauern leben, so zeigte sich auch Faaborg stolz auf seine bildenden Künstler. Der Kunstsinn aller Bürger hob sich deutlich und unmißverständlich ab von dem der Nachbarn in Svendborg und Odense. Faaborgs Museum wurde gestiftet von einem Gemüsehändler namens Rasmussen. Seine Mitbürger nannten ihn in liebevoller Respektlosigkeit Mads Tomat. Er widmete sich ausschließlich den Künstlern seiner nächsten Umgebung und legte sich im Laufe der Jahre eine stattliche Kunstsammlung an. Vielen Künstlern half er aus der Not und machte ihre Werke marktfähig, denn was Mads Tomat kaufte, das wollten auch andere besitzen. Seine Sammlung vermachte Rasmussen der Stadt, und das Geld für ein Museum legte er gleich dazu. Kein Wunder, daß wir schon in Vestibül einer Statue von ihm begegneten, lebensgroß und lebensnah schaute er vom Podest herab. Ein Gehrock verlieh seiner Leibesfülle eine steif-monumentale Würde. Die schwere Stifterfigur beherrscht den ganzen Vorraum, jeder Besucher muß an ihr vorbei. Auch wir machten unsere Ehrenrunde. Etatsrat Rasmussen sah aus wie aus dem Ei gepellt und hätte beispielsweise im Schaufenster eines Herrenausstatters für Übergrößen blendende Figur gemacht. In der Galerie trifft man wirklich begabte Künstler ihrer Zeit. Fritz Syberg, Peter Hansen, Johannes Larsen usw. Diese großen dänischen Impressionisten lohnen schon einen Besuch. Besonders Peter Hansen bereitete uns Vergnügen. Er hatte den

Bildhauer Kai Nielsen bei der Arbeit an seiner Plastik von Mads Tomat gemalt, und zwar hat er das Modell gleich mit konterfeit, allerdings so, wie er, Peter Hansen, es sah. Und das war nun alles andere als Heldenkonfektion. Behäbig, ein wenig o-beinig, mit krausem Anzug, gemütlich, jovial, uneitel, so stand der Faaborger Gemüsehändler lachend da: ein reicher Biedermann, der Herz und Börse noch in Harmonie mitein-ander zu verbinden wußte.

Die Künstlerkolonie, die südfünische Schule, ist längst einge-gangen. Rasmussens Museum ist eine Gedenkstätte, eine Er-innerung an die Zeit der Großväter.

Nomaden mit kleinen Fehlern

Am Morgen unseres geplanten Aufbruchs aus Faaborg verließ uns prompt der Nordostwind. Was übrig blieb, pflegen Segler als «dotenflau un gorkeen Wind» zu bezeichnen. Die Meteoro-logen des deutschen Wetterdienstes kennen weder diesen Schnack noch den Terminus Flaute. Sie sprachen auch heute morgen von schwachen umlaufenden Winden. Tatsächlich machte der Windsack auf dem hohen Getreidesilo der F. A. F. — wenn man lange genug hinsah — gelegentlich einen kleinen Erektionsversuch. Der brachte bei uns allerdings mehr Spott als Hoffnung hervor, was sich die Damen schließlich verbaten. Im Norden wies die Rauchsäule eines offenen Feuers zaghaft in die entgegengesetzte Richtung. Tanjas Stander klebte tau-schwer am Verklicker und rührte sich nicht. Befanden wir uns meteorologisch gesehen zur Zeit in einem Hochkern? Viel-leicht! Stimmungmäßig jedoch nicht. Bis 10.00 Uhr stierten wir uns die Augen aus nach einem Hauch Wind. Dann ver-langte meine Crew Auslaufen mit Maschine.

Auch sie hatte — genau wie mich — das Fernweh gepackt. In jedem Fahrtensegler steckt ein Nomade. Nirgendwo, auch nicht am gastlichen Gestade, hält es ihn lange. Und wenn Leinen los! erst einmal beschlossen ist, dann gibt es kein Halten mehr. Er will raus, wie aus einem überheizten Zimmer an die frische Luft. Also warf ich die Maschine an. Sie zeigte sich willig. Stolz legte ich in sachtem Bogen von der Pier ab. Der Bogen war aber doch merkwürdig sachte, und ich ahnte, daß die Kupplung schleifte. Normalerweise hätte ich jetzt an den Liegeplatz zurückkehren und die Kupplung nachstellen müssen. Das hätte Stunden gekostet. Ich konnte diesen herrlichen Augenblick des Aufbruchs aber nicht zerstören und fuhr weiter.

Sobald wir die Nase nur ein wenig hinausgesteckt hätten, würde sich sicher eines der angekündigten umlaufenden Windchen einstellen, redete ich mir ein. Meine Crew hockte erwartungsvoll neben den angeschlagenen Segeln und wartete auf mein Kommando zum Heißen. Als ob man den Wind bestellen könnte wie den Kaffee zum Kuchen! Mißmutig hüllte ich mich in Schweigen: Signal für das Decksvolk, es sich fern von mir und meiner Maschine auf dem Vorschiff bequem zu machen. Ich blieb im Cockpit allein mit meinen Vorwürfen und dem schrillen Diskant des Motors, derweil unser Kielwasser sich kaum mit dem einer Ente messen konnte. So, die morgendliche Stille meilenweit zerreißend, überquerten wir mühsam den Faaborg Fjord. Unablässig spähte ich aus nach sich kräuselndem Wasser, nach den über den Wasserspiegel huschenden Katzenpfoten. Aber wo immer sich eine kleine krause Fläche zeigte, war sie längst wieder glatt gebügelt, wenn wir sie endlich erreicht hatten. Andere Yachten tauchten aus Faaborg kommend hinter uns auf und schickten sich nacheinander an, uns zu überholen, was wahrhaftig keine Schwierigkeit war. Immerhin wurmte es mich, und ich spielte mit den Pedalen: Gas, Gas weg — Kupplung weg, Kupplung — Gas. Plötzlich sank das schrille Geräusch der Maschine zwei Oktaven tiefer. Es ging buchstäblich in den Keller, und von dort hörte ich nun das tiefe Gurgeln der Schraube. Ein Zittern lief durch den Rumpf der Tanja, und die alte Dame machte einen richtigen

Satz nach vorn. Die Crew purzelte gegen den Mast und kletterte neugierig ins Cockpit. Staunend blickte man auf die dicke Blasenspur im Kielwasser. Wir machten 5 sm Fahrt. «Sagt bitte nichts gegen den Motor. Er ist tadellos. Das seht ihr ja. Die Schuld liegt allein bei mir.»

Diese alte Platte wollte aber niemand mehr hören. Alle freuten sich über die flotte Fahrt. Tonne für Tonne und Insel für Insel blieben achteraus.

Die Tanja verließ endgültig das paradiesische Insellabyrinth südlich Fünens. Die hohen Telegrafenmasten auf Lyö an Steuerbord gaben uns lange Geleit. Diese westlichste Insel des Archipels liegt nicht, nein, sie lagert rund und gemütlich in ihrer eigenen Privatbucht wie die Perle in einer Muschel.

Hornes Land, eine Halbinsel Fünens, schmiegt sich wie eine geöffnete Hand um die Insel. Seine waldige und hügelige Küste lud uns ein zu einem Abstecher rechts um Lyö herum. Aber es war noch immer schwachwindig und der Tag zu weit fortgeschritten. Auch hätten wir bei aufkommendem Südwest viel Höhe verloren.

Zwischen Lyö und Alsen erreichte der Kleine Belt eine stattliche Breite von 6 sm. Ja, er zeigte sich hier als ein ausgewachsener Meeresarm. Weit öffnete sich der Horizont im Norden zur Genner Bucht und im Süden zur Ostsee. Recht voraus lag Alsen. Doch zunächst sahen wir nicht viel mehr als den Waldrücken von Österholm. Links und rechts lagen die Ufer unter der Kimm. Wir mußten uns nun entscheiden, wie herum wir unser Ziel erreichen wollten. Sonderburg lag genau auf der anderen Seite der Insel. Ich hätte gern dem Wind die Entscheidung überlassen. Er aber lief um, meteorologisch gesprochen. In Wirklichkeit konnte nicht einmal von Laufen die Rede sein; er schlich buchstäblich auf spärlichen Pfoten um die Tanja wie um einen heißen Brei. Ich vertagte die Entscheidung, wir legten uns an Deck in die Sonne und taten so, als ginge uns der Wind nichts an. Das Spiel mit verdeckten Karten begann: Wer hat die besseren Nerven – wir oder der Wind. Nach einer Stunde kam ein schwacher West durch. Ich glaubte das Spiel

148

gewonnen und legte das Boot behutsam auf Südkurs. «Links-herum!» raunte ich meinen Mitspielern zu. Aber das Vergnügen dauerte nur eine halbe Stunde. Der Westwind schlief ein. Un-ser Register war jedoch noch nicht erschöpft. Wir begannen das Angelspiel. Dorschleinen wurden achteraus gelassen und Wünsche laut ausgetauscht, Tanja möge nicht schneller fahren als 1 sm, die beste Geschwindigkeit zum Angeln. Das Spiel sollte tatsächlich Erfolg haben, aber leider etwas zu spät. Wenige Minuten bevor es aus SW aufbriste, zog ich einen schweren Dorsch an Deck. Wir schätzten ihn auf 2 kg. Für alle zu wenig, zum Schwimmenlassen zu viel. So ließen wir die Segel im Wind killen und versuchten weiter Petri Heil. Aber nach einer halben Stunde vergeblicher Mühe blies ich zum Rückzug. Wenn Petrus uns schon nicht hold war, der Wind war zum Segeln da.

Auf meinen Dorsch reagierte die Crew übrigens sehr unter-schiedlich. Silke bekam eine Krise und stob unter Deck, als ich den Segen des Meeres über die Reling schwenkte. Christel dachte sofort an die Zubereitung, und sie war es auch, die uns zum Weiterangeln ermunterte. Jochen benahm sich erstaunlich und in einer Weise, die mir sehr angenehm war: mit stoischer Gelassenheit griff er sich den dicken, phlegmatischen Fisch, versetze ihm mit der Reffkurbel einen kurzen Schlag über den Schädel und trug ihn mit hinter den Kiemen gespreizten Fin-gern aufs Vordeck, wo er sich wie ein Indianer hinhockte, um ernst und schweigend die Beute zu zerlegen. Ich rief ihm mein Pertridank hinterher. Silke fand das geschmacklos, kletterte aber doch neugierig wieder an Deck. «Mein Jochen, was machst du denn da? Ich wußte gar nicht, daß du so etwas kannst. Du bist ja ein Sadist!» Sie schwankte zwischen Ekel und Bewun-derung. Als Jochen dann mit schneeweißen Fischfilets wieder im Cockpit erschien, hatte die Bewunderung gesiegt.

Eine Insel ist für viele Segler nur eine zufällige Kulisse, ein gelegentlicher Schutz, ein störendes Hindernis oder eine Wendemarke. Für mich ist sie mehr. Eine Insel, die von mir umsegelt werden soll, übt auf mich immer einen magischen

Reiz aus. Mein winziges schwankendes Boot zieht einen Kreis, legt eine unsichtbare Schlinge um ein vieltausendfach größeres Gebilde. Während mein Kurs den Umriß der Insel nachzeichnet, taste ich mit den Augen Stück für Stück ihre Konturen ab, hier kilometerweit ins Innere eindringend, dort an einer Steilküste, einem Waldstück haltmachend. Dann stelle ich mir das Leben im Inneren der Insel vor. Äcker, an deren Säumen Traktoren wie Weberschiffchen hin- und herfahren; staubige Landstraßen; Alleen mit Apfelbäumen, Bauernhöfen, weiße Gevierte im grünen Vlies der Felder; Dörfer, kleine Städte wohl auch mit Ladenstraßen, Kinos, Kirchen und Friedhöfen, ein wenig außerhalb und sorgfältig ummauert. Ein kleiner Kosmos, den mein Boot langsam umkreist, keine Biegung, keine Untiefe auslassend, wie ein winziger weißer Planet, dessen Bahn mein Geheimnis ist. Und im Gefolge der Phantasie nehmen auch reale Gedanken die Insel strategisch in Besitz. Landmarken werden angepeilt und mit dem Schiffsort in Beziehung gebracht, Buchten und Ankergründe werden auf Stromschutz hin geprüft. Häfen und Anlegebrücken werden durchs Glas nach Liegemöglichkeiten abgesucht.

Während die Tanja im Vergleich mit jedem anderen Verkehrsmittel unendlich langsam ihren Kreis zieht, springen meine Gedanken um so leichter von einem strategischen Punkt zum anderen, immer neu inspiriert vom Studium der See- und Landkarten, des Hafenhandbuches, der Reiseführer, von Erinnerungen, Empfehlungen und eigenem Augenschein. Das sind dann die Augenblicke, wo meine Crew nicht mehr recht weiß, was sie mit mir anfangen soll. Hält der Skipper einen Monolog? An wen richtet er seine Fragen? Erwartet er von uns Antworten? Christel ist da noch am erfahrensten. Wenn es ihr zu schlimm wird, pfeift sie mich zurück. Sie möchte am liebsten immer ganz feste Befehle hören, die nicht wieder umgestoßen werden, Zeit und Ort der Ankunft sollen jederzeit jedermann bekannt sein, als säßen wir im Skandinavien-Expreß. Aber ich kann das nicht. Welcher Segler kann das? Hinzu kommt allerdings, daß ich es auch gar nicht will. Ein ganzes Jahr lang pflege ich jeden Tag und jede Stunde genau zu wissen, wo ich am nächsten Tage oder in der nächsten Stunde sein und was ich tun werde. Während der kurzen Ferien an Bord aber mag ich mich in kein Reglement zwingen lassen, sondern mich nur meiner Laune und der der Winde hingeben. Ich genieße die Freiheit des Weges und der Zeit dann so sehr, daß ich Entscheidungen oft bis zum letzten Augenblick aufschiebe, wie zum Beispiel jetzt im Angesicht Alsens. Da lag also die Insel in ihrer ganzen Breite von 16 sm vor uns. Christel stellte zum xten Male die Frage, wie herum wir sie runden wollten. Die Frage hatte ihre Berechtigung. Auch drängte die Zeit, denn die 6 sm über den Kleinen Belt waren nun bald versegelt. Ein Westwindchen kam auf. In meinem grenzenlosen Optimsimus glaubte ich, daß es sich durchsetzen würde. Ich gab Kommando: «Links herum!» Nach einer halben Stunde hörte das Windchen wieder auf. Einige Zeit später kam ein leichter Südwest auf. Wir mußten abfallen. Die Südostspitze war nicht mehr zu halten. Ich machte jenes «Gesicht», das ich früher, bevor ich meine Frau kennenlernte, immer für ausdruckslos und harmlos gehalten hatte. Christel ließ sich leider nicht bluffen.

«Nun, sag schon, was du willst!» bat sie, Schlimmes argwöhnend.

«Hm, vielleicht ist es doch besser, wir gehen rechts herum. Der Wind . . .»

«Laß mich mit dem Wind in Ruhe. Wir können doch nicht ewig vor dieser langweiligen Insel hin- und herfahren, weil der Wind dreht. Was willst du denn tun, wenn er noch einmal dreht? Sollen wir dann wieder links herum? Ich möchte aber heute abend in einem Hafen sein, basta!»

«Ich denke, der Südwest wird bleiben.»

«Also gut, gehen wir rechts herum, aber das ist nun endgültig!»

Ich fügte mich und gab Befehl: «Rechts herum!»

Und siehe da, auch der Wind fügte sich der weiblichen Logik, und eine flotte kleine Brise aus SW kam auf. Rasch nahm die Tanja im glatten von Alsens Küste abgedeckten Beltwasser

151

Fahrt auf. Wir laschten den Spinnakerbaum als Klüverbaum auf das Vordeck und heißten die kleine Fock als Klüver. Diese extreme Besegelung ist vom Konstrukteur der Tanja nicht vorgesehen, denn der Holepunkt des Klüvers liegt knapp über der Wasserlinie. Ich blieb auf dem Vorschiff und ließ das linke Bein ganz unseemännisch über Bord hängen, um die Schot mit dem Fuß zu führen. Ich kam mir vor wie ein Teaclipper-Kapitän, der Leesegel gesetzt hatte, und gab mich dem Rausch der Geschwindigkeit hin. Da schob plötzlich jemand ein Kissen unter meinen Kopf und machte es sich an meiner Seite bequem. «Na, bist du nun zufrieden? Du und dein Wind, man muß euch nur erst einmal auf Trab bringen.»

Die Tanja pflügte die See, vor uns färbte die Abendsonne ihr Glas golden, und der Dunst des Tages staffelte vor uns die Berge und Wälder von Jütland zu einem phantastischen pastellfarbenen Panorama. Welch ein herrliches Bild! Warum sollte ich meiner Frau widersprechen? Oder hatte sie vielleicht sogar recht?

Bauernnacht im Alsen-Sund

Der Alsen-Sund besteht aus zwei sehr verschiedenen Teilen. Der nördliche ist breit, seine Ufer sind sanft gebuchtet und gelegentlich tiefer eingeschnitten, weit geht der Blick über sie hinweg. Der südliche Teil dagegen gleicht einem Fluß, der sich schmal und gerade durch das Land zwängt. Hoch und waldreich wölben sich auf beiden Seiten die Ufer zu ihm herab. Erst kurz vor Sonderburg schlägt der Sund einen scharfen Haken um die Höhen von Düppel. Navigatorisch bietet der Sund nirgendwo Schwierigkeiten. So hätten wir in die Nacht hinein nach Sonderburg durchlaufen können. Ich überschlug Meilen und Stunden. Aber leider pflegt so ein innerer Monolog meine Aufmerksamkeit so restlos in Anspruch zu nehmen, daß für die Kunst der Verstellung nichts mehr übrig bleibt. Christel stoppte meinen abendlichen Gedankenflug und zwang mich zur «Notlandung».

«Eh' du dir den Kopf zerbrichst, wo wir festmachen wollen, erinnere ich dich an diese kleine Bucht hier irgendwo, die uns M. empfahl. Da soll man anlegen können, und ein Restaurant ist auch da.»

Ausgerechnet M.! dachte ich bei mir. Das ist der letzte, dessen Rat ich befolgen würde. Selbst dann, wenn M. Christel zufällig einen guten Tip gegeben haben sollte, hielt ich es für ausgeschlossen, daß seine geographische Beschreibung ausreichend sein könnte. Die Seekarte jedoch, die Unbestechliche, gab M. recht. Ich mußte mich von einem Laien belehren lassen: ganz dicht am Nordausgang des Sundes gab es die Bucht von Dyvig, die das Deutsche Hydrographische Institut als schiffbar auswies und erreichbar durch ein allerdings sehr enges Fahrwasser. Meine Neugier und die allgemeine Aussicht, noch vor Dunkelheit festmachen zu können, versetzten uns in Hochstimmung. Hart Backbord Ruder und Kurs auf den schon sehr nahen Mini-Fjord von Dyvig, dessen Ufer sich schnell einander näherten. Das nördliche schob eine grüne Landzunge so weit nach Süden, daß der Augenschein vom niedrigen Deck der Tanja vermuten ließ, hier sei die Bucht zu Ende. Meine Frau wurde entsprechend ängstlich. Zwei vor uns liegende Tonnen als letzte Orientierung schienen selbst schon auf dem Trockenen zu liegen. Wir bargen die Segel und tasteten uns mit der Maschine langsam an die Tonnen heran. Das Fahrwasser machte einen Bogen und schien sich dann ganz im schilfigen Ufer zu verlieren. Von einem Liegeplatz, geschweige denn von einem Restaurant war weit und breit nichts zu sehen. Da tauchte – mitten aus dem Schiff – ein winziges Motorboot auf. Christel eilte aufs Vorschiff und ließ ihre Arme wie Windmühlenflügel so lange in der Luft kreisen, bis das Motorboot beidrehte, um den Lotsen zu spielen. Das war nun allerdings kein Kunststück mehr. Schon nach knappen hundert Metern traten die Ufer weit zurück und gaben den Blick auf einen kleinen See frei. Sein Waldsaum lag schon in der Abendsonne.

Eben gingen im Restaurant auf der gegenüberliegenden Seite Lampen an, und ihr Schein blinkte auf dem sich verdunkelnden Wasserspiegel zu uns herüber. Ein Pulk von zwanzig Schleiseglern hatte die Betonpier des Gasthofes mit Beschlag belegt und fühlte sich an diesem Wochenende dort so zu Hause wie Stammgäste an der Bar ihrer Eckkneipe. In echtem Holstein-Platt wurde uns Newcombern aber sogleich ein Liegeplatz zugewiesen. Beim Abendbrot verstieg ich mich in fröhlicher Stimmung zu dem Selbstlob, daß wir ja mal wieder pünktlich zum Abendessen unser Ziel erreicht hätten.

«Du?» konterte Christel mit mokantem Lächeln. «Du wärst doch am liebsten nach Sonderburg durchgesegelt. Aber zum Glück geht es ja hier nicht so, wie du möchtest, sondern wie wir es verabredet haben!»

Sonderburg, Schaufenster einer guten Stube

Mit ungewöhnlich frohem Mut und beschwingtem Sinn erwachte Christel am Morgen des anderen Tages. Freimütig offenbarte sie uns den Grund ihrer guten Laune. Auf der Seekarte hatte sie scharfsinnig entdeckt, daß wir an diesem Tage nicht nur *ein* Ufer stets zur Seite haben würden, sondern sogar deren zwei. Mehr konnte man sich nicht wünschen. Wir erhielten nun sogar allerhöchst gnädige Lizenz, erst gegen Mittag aufzubrechen. Genüßlich verpütscherte ich die unverhoffte Freizeit an Deck.

Zahllose Male habe ich den Alsen-Sund in südlicher Richtung befahren. Jedesmal, wenn ich an die Gabelung des Augustenburg Fjords kam, jenes breite, weite Gewässer, das an masurische Seen erinnert, war ich versucht, dort einzulaufen. Nie habe ich dieser Neigung entsprochen, und auch heute wieder mußte ich darauf verzichten, mit der Tanja an dem großen Barockschloß vorbeizufahren, das dem Fjord vor zweihundert

Jahren seinen Namen gab. Meine Crew hatte genug von Schlössern.

Unser Bordreiseführer tröstete mich ebenso knapp wie nachhaltig. Augustenburgs Tore öffneten sich normalen Sterblichen seit langem nicht mehr. Das Schloß diente Alsen als Irrenanstalt.

Kurz vor Sonderburg schlug der Sund einen scharfen Bogen nach Osten, die Ufer wurden steiler, auf ihren Höhen standen Villen wie Zinnen einer Burg. Unten siedelte Industrie. Wo eben noch Wälder und Äcker das Landschaftsbild bestimmten, säumten nun Fabriken, Halden und Speicher unseren Weg. Der bunten Versammlung hatten sich drei riesenhafte Gäste ungebeten und sicher unfreiwillig zugesellt: unwirklich und überdimensioniert, wie die Leiber von Urweltungetümen, die eine Naturkatastrophe aus ihrem Element gerissen hat, ragten die hellblauen Rümpfe von drei Frachtern der Reederei Maersk aus dem Brackwasser einer Sundbucht. Sie, die gewohnt waren, sich auf den Meeren zu tummeln, versuchten hier vergeblich, sich und ihre Beschäftigungslosigkeit zu verbergen. Wir bedauerten Herrn Maersk ehrlich und sahen ihn schon am Hungertuche nagen. Aber unser Mitleid dauerte nicht lange, denn schon am gleichen Abend lasen wir in einer Zeitung, daß noch siebenundvierzig weitere hellblaue Schiffe für Maersk um den Globus fuhren.

Sonderburg empfing uns königlich. An eigener Pier lag die schneeweiße «Danebrog» vertäut, König Frederiks IX. Staatsyacht, schnittig gebaut und prächtig anzusehen. Fast ein wenig operettenhaft und nicht dem biederen und nüchternen Dänenkönig zuzuordnen. Aber das Wort «operettenhaft» wollte meine Frau nicht gelten lassen. Schließlich gehörten ihm 500 Inseln, und da müsse er ja irgendwie hinkommen.

«Nicht die Hälfte seiner eigenen Häfen kann er mit der ‹Daneborg› anlaufen», erwiderte ich sachlich, «denn mit ihrem Tiefgang paßt sie nicht hinein.»

«Ach, du», hieß es unwirsch, «bist ja nur neidisch. Wenn du heute abend dort eingeladen wärst, würdest du anders reden.»

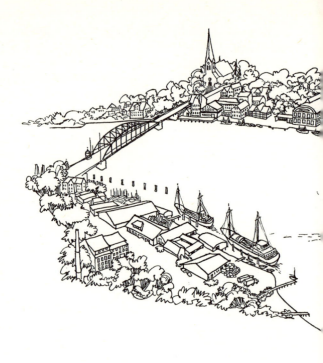

«Wahrscheinlich», gestand ich, «aber wie gut, daß wir nicht eingeladen sind, denn du hättest nichts anzuziehen zum Empfang bei Hofe.»
«Ich nichts anzuziehen? *Ich* habe ein Cocktailkleid mit. Das muß nur noch gebügelt werden.»
Ich gab mich geschlagen. Aber kein Kurier des Königs nahte sich der Tanja. Frederik war gar nicht an Bord.
Etwa in der Mitte des Hafens überspannt die Christian-X.-Brücke den Sund und verbindet fast waagerecht die beiden Hochufer miteinander. Sie wurde 1925 gebaut, also schon ziemlich bald nach dem Anschluß an Dänemark. Die Brücke bildet die einzige feste Verbindung für Eisenbahn, Auto und Fußgänger zwischen Alsen und dem Festland. Sie ist entspre-

chend belebt, zumal sie auch den erheblichen Ortsverkehr zwischen den beiden Teilen Sonderburgs aufnimmt. So ist der Segler es gewohnt, nach durchfahrtheischendem Hornsignal noch geraume Zeit vor dem westlichen Klappbogen hin- und herkreuzend zu verharren, bis sich der Brückenmeister zur Unterbrechung des Verkehrs entschließt. Oft muß man auch noch auf einen Zug warten. Heute abend aber mußten wir eine geschlagene halbe Stunde mit hungrigen Mägen ausharren, ohne daß ein Zug, eine Feuerwehr oder ein Krankenwagen die Brücke passierte. Wir erfuhren nie, warum man uns so lange auf die Folter gespannt hatte. Einmal mehr Gelegenheit, Komplexe hervorzukehren und den Brückenmeister für deutschfeindlich zu erklären.

Der südliche Hafenteil ist Sonderburgs gute Stube. Begrenzt von der großen Eisenbrücke im Norden und dem dicken Westturm des alten Schlosses im Süden und behütet vom spitzen Turm der hochgelegenen Stadtkirche, hat er sich die Harmonie des Naturhafens bis heute bewahrt. Entlang der langen Reihe von Anlegebrücken und Stegen, Dalben und Kaimauern fanden wir schnell ein kleines Plätzchen für die Tanja, eben noch weit genug ab von der Anlegestelle der alten, lendenlahmen «Margrethe», des Fährschiffes nach Flensburg, das bei seinen ungestümen Manövern gelegentlich seine friedlichen Nachbarn in Mitleidenschaft zu ziehen pflegt.

Ein Netz winkliger Gassen führt vom Hafen hinauf in die Oberstadt, wo die Hauptverkehrsstraße längst den Hafen als Mittelpunkt städtischen Handels und Wandels abgelöst hat. Sonderburg blüht. Inmitten eines Dorados von Buchten, Sandstränden, Steilufern, Wäldern und Ausflugsplätzen ist es heute die ungekrönte Königin der Flensburger Förde. Eine Urlaubsstadt. Sie lebt von den Touristen und natürlich besonders von denen jenseits der Grenze. Eine Visitenkarte Dänemarks, ein reizvolles, blankgeputztes Schaufenster, gleichgültig, von welcher Seite man hindurchschaut.

Eines Dichters Reede

Abschluß unserer Dänemark-Kreuzfahrt sollte ein Besuch bei Ehepaar Lenz bilden, das an Alsens Südküste ein Sommerhaus sein eigen nennt und sich dort in der schönen Jahreszeit von winterlichem Literaturbetrieb so lange zu erholen pflegt, bis der nächste wieder zu locken begann. Siegfried Lenz ist nicht nur ein erfolgreicher Erzähler, sondern auch ein fleißiger Arbeiter. Fast regelmäßig pflegt er im Herbst mit einem neuen Werk auf das Festland zurückzukehren, sei es ein Hörspiel, ein Drama oder ein Roman.

So hatten wir erhebliche Bedenken, ihn in seinem Refugium aufzustören. Allein seine wiederholten Einladungen und sein ausdrücklicher Hinweis, daß wir direkt vor seinem Haus auf Reede gehen könnten, gaben uns Mut zu einem Abstecher.

Der gebürtige Ostpreuße hatte sein Domizil in einer Landschaft aufgeschlagen, die ein kleines Abbild der alten Heimat sein könnte: Alsens Südküste vorgelagert ist die lange Halbinsel Kekenis. Nur durch einen schmalen Damm mit der ersten verbunden, bildet Kekenis einen Schild gegen die offene See. Das Haff zwischen beiden Inseln ist lang und gegen die Ufer zu sehr flach. So segelten wir in achtungsvollem Abstand von mehreren hundert Metern an der Küste entlang, die teils sanft, teils steil zum Wasser hin abfällt. Es war schwierig, das einzelne weiße Haus zu erkennen unter den vielen Anwesen, die vor uns auftauchten, einige schon weithin leuchtend, andere sich lange Zeit hinter Bäumen und Hecken verbergend. Gutshäuser, Scheunen, Anglerhütten, alle sahen nun aber unter unseren forschenden Blicken aus wie Dichterklausen. Da kam eine kleine offene Jolle mit knatterndem Motor auf uns zu und enthob uns weiterer Suche. Unser Gastgeber war es selbst mit seinem Freunde P. Beide in schwarzen Tauchanzügen, eben im Begriff auf den gegenüberliegenden Fanggründen einige Aale für das Abendessen zu harpunieren.

Als Segler grundsätzlich gegen submarine Expeditionen voreingenommen, blieb ich argwöhnisch ob des Erfolges und empfahl ersatzweise mitgebrachten Dosenaufschnitt. Aber davon wollte Siegfried nun gar nichts wissen. Er würde mehr Aale harpunieren, als wir alle in acht Tagen verzehren könnten, versicherte er uns strahlend und hielt seine Jolle mit gedrosseltem Motor lässig wie ein gelernter Ewerführer in gleicher Höhe mit der Tanja. Dabei leuchteten seine wasserklaren Augen so hell auf, daß Himmel und See dagegen trübe schienen. Er zeigte uns sein Haus, das schon ganz in der Nähe war, und riet uns, nicht näher als in 100 m Abstand vor der Küste zu ankern. Wir dankten mit einem kräftigen Petri Heil, dann ratterten die beiden quer über das Haff von dannen.

Wir ankerten an der bezeichneten Stelle, sogar 200 m vom Ufer entfernt, versorgten die Tanja und machten uns landfein. Schon zeigte Motorgeräusch die Rückkehr der Petrijünger an. Sie kamen, um uns überzusetzen. Von Aalen war nichts zu sehen. Siegfried war geknickt. Die Färbung des Himmels sei nicht günstig gewesen, das Wasser trübe, er sei gar nicht zum Schuß gekommen. Ich dachte bei mir, der Himmel hat recht: wenn ihm von den Augen eines Sterblichen solche Konkurrenz gemacht wird, dann muß er sich rächen!

Den beutelosen Heimkehrer und seine Gäste erwartete dennoch eine bunte Tafel in der Diele des Hauses. Seine Frau rühmte zwar sofort gleichsam entschuldigend Siegfrieds Harpuniertalent. Allein der Tisch, an dem wir nun gemeinsam Platz nahmen, zeigte sich in weiser Voraussicht schon reich bestückt mit dänischen Gabelbissen und deutschen Getränken. Schnell vergaßen wir, daß wir uns noch Stunden vorher geniert hatten, in die «Dichterklause» einzubrechen. Das lichte kleine Haus mit dem harmonischen Meublement, eine große Terrasse im ersten Stock, der von der Hausfrau persönlich gepflegte Garten, dies alles drückte einen Lebensstil aus: das Bedürfnis nach innerer Ruhe verband sich mit herzlicher Gastfreundschaft. Sogar das Arbeitszimmer des Hausherrn, im neuen Seitenflügel etabliert und von Ost und West lichtdurchflutet, lud heute abend zum Verweilen ein.

Wolken englischen Tabaks, süßer Feigenduft und Stimmengewirr füllten den Raum. Die Rede kam, wie konnte es anders sein, bald auf die Literatur, neue Bücher, Pläne der Autoren-Kollegen, Aktionen großer Verleger. Ich berichtete von neuen Ereignissen auf dem Büchermarkt, aber Lenz zeigte sich über das meiste schon wohl informiert, ja er schien mir in seinem entlegenen Exil vieles schneller und unmittelbarer zu erfahren als wir mitten in der Großstadt. Er, der kein Telefon im Hause duldete, verriet mir sein Geheimnis. Er ginge manchmal abends zum Nachbarn hinüber, um mit diesem oder jenem in Deutschland zu telefonieren. Ein beneidenswertes Vermögen, auf diese Weise den Ereignissen der Welt nicht ausgeliefert zu

sein, sondern sie sich je nach Lust und Laune zu dosieren und auch noch den Zeitpunkt zu bestimmen, sie zu erfahren!
Dem alerten und unkonventionellen P. gelang es leicht, das literarische Gespräch unversehens in ein politisches und uns zugleich in Zuhörer zu verwandeln. Und um Siegfrieds Zustimmung zu seinen kritischen Äußerungen zu erhalten, appellierte er abwechselnd an seine Freundschaft und sein Gewissen. Beides mit gewohntem Erfolg, denn zwischen genüßlichen Zügen an der Pfeife wurde mal schmunzelnd, mal ernst, aber immer beifällig genickt. Ein neuer Wahlkampf stand uns im Herbst bevor. Es galt, eine Partei zu entthronen und eine andere auf den Schild zu heben. Jeder Andersdenkende würde sich in diesem Kreise von Gleichgesinnten unsterblich blamieren, dachte ich und schwieg. Aber meine Frau war mutiger. Sie nahm Lenz beiseite und fragte ihn: «Was würden Sie denn tun, wenn Ihre Partei wirklich an die Regierung käme?» Siegfrieds blaue Augen blickten ein wenig nachdenklich, ein wenig hilfesuchend und nicht ganz ohne Amüsement in die Runde. Schließlich sprang seine Frau für ihn ein. «Natürlich würdest du dann wieder in die Opposition gehen!» Siegfried hob die Schultern und schwieg.
Dialoge, Monologe, Anregungen, Ideen, Meinungen und Gegenmeinungen, Diskussionen, die sich in Aporien verloren: ein geselliger Abend — wie in Deutschland, das wir nolensvolens für einige Stunden auf die Insel eingeschleppt hatten. Wie einen Bazillus? Vielleicht. Aber wir brauchten uns keinen Vorwurf zu machen, daß sich unser gelassener Gastgeber davon etwa infizieren lassen könnte. «Seine» Insel hat ihn immun gemacht.

Pyjamatest: Männersache mit Schönheitsfehlern

Am nächsten Morgen hieß es für die Tanja: Kurs Heimat. Auf dem Weg von der Flensburger Förde zum Fehmarnsund lag kein schnell erreichbarer Hafen, wo man eine Pause einlegen oder Schutz vor schlechtem Wetter hätte finden können. So kletterte Jochen und ich früh um halb fünf aus den Kojen und machten uns auf Zehenspitzen an Deck zu schaffen, um die Damen nicht im süßen Morgenschlummer zu stören. Erst mit der Nachricht wollten wir sie wecken, daß die Tanja bereits heimatlichen Kurs eingeschlagen hätte.
Die Sonne schickte schon angenehme Wärme über das taunasse Deck. Unsere Pyjamas waren uns nicht zu dünn. Schnell die Segel gesetzt und vorsichtig über Hand die Ankerkette eingeholt und ihn selbst auf ein paar Fendern an Deck gelegt. Dann leichtfüßig an die Pinne gehüpft und mit einer Halse aus der Bucht hinaus auf die freie See. Eben kündigte sich ein leichter Nordwest mit ersten Kräuselinseln an, die sich langsam zu einer großen glitzernden Fläche verdichteten. Sanft neigte sich die Tanja nach Lee und nahm Fahrt auf. Dies schien mir der rechte Zeitpunkt, um unter Deck meine Aufwartung zu machen. Mein galantes «Reise — Reise» und «Wir sind bereits unterwegs!» fand jedoch weder Beifall, noch schien es das geringste Erstaunen auszulösen. «Glaubst du vielleicht», bekam ich zu hören, «daß wir bei dem ohrenbetäubenden Lärm an Deck auch nur einen Augenblick hätten weiterschlafen können? Ihr seid ja herumgetobt wie eine Herde wilder Elefanten. Setzt lieber Wasser auf und geht wieder an Deck, damit wir aufstehen und uns waschen können!» Betrübt verkrümelte ich mich an Deck und berichtete Jochen vom Fehlschlag unseres Überraschungsmanövers. Allein mit unseren Pyjamas und den wärmenden Strahlen der am Himmel schnell und steil emporkletternden Sonne, harrten wir geduldig auf ein opulentes Frühstück.
Bald setzte sich ein gleichmäßiger WNW durch. Ich machte kein begeistertes Gesicht, und Christel wollte sofort wissen,

warum. Ich versuchte ihr zu erklären, daß man platt vor dem
Laken unruhig in der See läge. Sie aber wartete meine de-
taillierte Interpretation nicht erst ab, sondern meinte nur, mir
könne es der Wind offenbar nie recht machen. Käme er von
vorn, sei ich unzufrieden, käme er von hinten, wäre es auch
falsch. Wir baumten die Genua in Luv aus. Je mehr wir unter
der Südküste von Kekenis die freie See gewannen, desto mehr
holte die Tanja über. Wir schoren eine Bullentalje vom Steven
zum Baumnock. Damit hatten wir den Großbaum arretiert.
Christel merkte aber nun doch, wie einem Segler zumute ist,
wenn er «mit dem A . . . auf der Geige sitzt». Der alte See-
mannsdruck ist zu plastisch und zu treffend, als daß man ihn
umschreiben sollte. Wie die Geige nicht als Sitzmöbel konstruiert wird, so ist eine Sloop nicht für vor-dem-Wind-Kurse ge-
takelt. Jede andere Windrichtung liegt ihr mehr. Steuert man
also einen Kurs platt vor dem Laken, so führt man einen Drei-
frontenkrieg: Gegen Wind, der zu raumen droht und vom
Stander am hin- und herpendelnden Mast nicht sehr genau
angezeigt wird; gegen See, die schräg von achtern kommt und
das Boot aus dem Kurs zu drängen versucht, und schließlich
gegen den Baum, der wie eine Sense unter Mitnahme aller
überstehenden Köpfe auf die Luvseite übergehen möchte, wo-
mit die Halse dann vollständig wäre. Für diese Situation gibt
es nur einen Tip: Wachsamkeit!
Etwa um 10 Uhr sahen wir eine Meile querab an Steuerbord zwei Fischer, gemeinsam ein Netz schleppend, auf gleichem Kurs. Es waren deutsche Fischer aus Kappeln, wie sich
bei näherer Betrachtung herausstellte. Ich nahm ihre Peilung
eigentlich mehr aus Langeweile und stellte fest, daß sie kon-
stant blieb. Um meiner Crew etwas Abwechslung zu bieten,
erklärte ich, daß wir uns mit den Fischern auf Kollisionskurs
befänden. Wenn einer von uns nicht auswiche oder seine Geschwindigkeit ändere, würden wir irgendwo voraus zusam-
menstoßen. Jochen machte ein ungläubiges Gesicht, Silke
wollte wissen, ob das ein Witz sein sollte, und Christel meinte
trocken, ich solle mich nicht interessanter machen, als ich sei.

Ich schränkte ein, es sei mal ein schönes Beispiel für theoretischen Unterricht. Und ich nähme ja auch an, daß die Fischer irgendwann abdrehen würden. Fischer pflegen in Kreisen zu fischen.

Die Fischer aus Kappeln unterschieden sich jedoch darin von allen Fischern, die ich bisher getroffen hatte. Stur wie Dampfer fuhren sie geradeaus, und das stundenlang. Sie schienen ihre Ruderanlagen auf automatische Steuerung eingestellt zu haben. Gegen 13 Uhr waren wir auf weniger als hundert Meter einander nähergekommen. Die Peilung hatte sich nicht geändert. Die Tanja pflügte die See mit 6 Knoten Geschwindigkeit und konnte auf diesem Bug keinen weiteren Grad mehr abfallen. Wir aber mußten nun etwas unternehmen. Zum Anluven, um hinter den Fischern vorbeizugehen, war es zu spät. Wir konnten nicht erkennen, wie lang das Schleppnetz war und wie groß der Bogen sein müßte. Das Bergen der Fock hätte unsere Fahrt nicht mehr genügend verlangsamt und auch die Lage der Tanja noch instabiler gemacht, also die Gefahr einer Patenthalse noch vergrößert. So blieb uns also nichts anderes übrig, als mit pauschalem Fluch gegen alle berufsmäßigen Petrijünger die Bullentalje zu lösen, den Spinnaker-Baum einzuholen, zu halsen und halben Winds ein Stückchen nach Norden zu laufen, bis die Fischer einen genügenden Vorsprung gewonnen hatten.

Kaum war unser Manöver beendet, Kurs und Besegelung der Tanja wieder die alten, da stellten wir fest, daß unsere Kappelner Nachbarn inzwischen scharf nach Norden abgedreht waren. Offenbar hatten auch sie den Kollisionskurs lange Zeit nicht beachtet und bis zuletzt damit gerechnet, daß doch einer dem anderen davonlaufen würde. Wahrscheinlich hat aber die Tanja ihnen auf ihrer geplanten Kursänderung nach Norden eine ganze Weile den Weg versperrt, zumal sie auf ihr Wegerecht nur pochen konnten, wenn sie ihren Kurs beibehielten. Sie werden wahrscheinlich genauso kräftig auf den kleinen Sonntagssegler geflucht haben wie wir auf sie. Möge Petrus ihnen den Ärger mit großem Fang vergelten.

Weit im Süden kam das Ehrenmal von Laboe in Sicht. Später folgte im Nordosten der Turm von Kels Nor auf Langelands Südspitze. Schließlich erschien der Leuchtturm Flügge direkt voraus über der Kimm. Drei Türme, drei Grüße von weither. Unsere optische Vorstellung verkleinerte das große Dreieck zu Atlasformat. Aber die Praxis sah anders aus. Stunden vergingen, ohne daß sich im bloßen Augenschein das Dreieck zu verwandeln schien. Nur exakte Peilungen hätten Tanjas Positionsänderung erkennen lassen. Aber wegen der guten Sicht verzichteten wir darauf und genossen nach den vielen kurzen Törns zwischen den Inseln nun das Geradeausfahren über freie See. Die wenigen terrestrischen Bezugspunkte blieben in weiter Ferne. Wir hörten auf, nach ihnen Ausschau zu halten. Die Tanja machte gute Fahrt durchs Wasser. Das genügte uns.

Gültig blieb ja das Zeitmaß, das Ticken der Uhr, die Bahn der Sonne und zu zeiten des Knurren der Mägen. Rings um uns die See und der Wind schienen nichts anderes zu tun zu haben, als die Tanja voranzutreiben. Welch eine Verschwendung der Elemente! Glücklicherweise hielten sie sich heute in Grenzen, und die Freiheit der Meere brauchten wir nicht mit physischen Strapazen zu erkaufen.

Kurz nach 13 Uhr hatten wir bereits den Schiffahrtsweg Kiel — Fehmarn Belt erreicht. Wir rechneten aus, daß wir schon zum five-o-clock-tea in Orth sein könnten. Aber jäh flaute der Wind ab und hinterließ eine Altsee, die nun sogar unser Mittagessen in Frage stellte. Christel und Silke machten verschlossene Gesichter und zeigten wenig Meinung, in die Kombüse zu klettern. Es kam fatalistische Stimmung auf, die besagt: erst an Land, dann gibt's auch Essen. Wenn aber kein Land zu sehen ist, muß der Skipper hart sein. In diesem Falle gegen sich selbst. Ich übernahm also den Küchendienst. Während ich unten mit Dosen, Töpfen, Gewürzen, Mehlschwitzen usw. hantierte, erschienen über mir im himmelblauen Geviert der Luke abwechselnd an Backbord der Kopf von Christel und an Steuerbord der Kopf von Silke, um meine Arbeit mit fachlichen Kommentaren zu dirigieren. Wenn trotzdem aus dem

165

Essen etwas wurde, lag es sicher daran, daß man an fertigen Dosengerichten nicht viel verderben kann. Der Appetit kam beim Essen, und die Stimmung besserte sich zusehends. Schließlich setzte sich wieder Westwind durch und schob uns langsam in den Fehmarn-Sund. Immerhin wurde es 19 Uhr, als Flügge endlich Nord peilte. Ockerfarben hob sich der schlanke Turm gegen den perlmutterschimmernden Abendhimmel ab. Spiegelglatt lag die Orther Bucht vor uns. Heute, wo ich diese Zeilen schreibe, ist der Turm von Flügge entthront worden von dem Fernsehturm bei Großenbrode, der auf alle Bauwerke seiner Umgebung, Kirchen, Silos, Türme, ja sogar die Sundbrücke, ungeschlacht herabschaut. Damals war Flügge noch der König des Sundes. Aus dem kleinen dichten Gehölz, das ihn umgab wie Schildknappen ihren Herrn, blickte er stolz hinüber auf die plumpen Silos von Orth, auf die weiße Mühle von Lemkenhafen und auf sein kleines Unterfeuer, den gedrungenen Turm von Struckkamphuk, der sich Flügge gegenüber ausnahm wie Sancho Pansa zu Don Quichote. Nur der Blick nach Osten war bereits versperrt. Hinter der Sundbrücke war Flügge nur noch Erinnerung, aber kein Wahrzeichen mehr.

Kaiser Wilhelm I. vor Orth

Der Wind legte sich schlafen, noch bevor wir den Hafen erreicht hatten. Ich forderte meine Crew nacheinander auf, den Sonnenuntergang, die spiegelglatte Orther Bucht und die weißen Vogelschwärme vor den Ufern zu bewundern. Schließlich mußte aber doch die Maschine ran und mit Lärm dem abendlichen Idyll ein Ende machen. Abendessen gab es wirklich erst im Hafen.
Der Orther Hafen ist angelegt wie eine Bauerntenne. Zwei symmetrische «Einfriedungen» aus Findlingen weisen den Weg in einen ebenmäßigen langgestreckten Raum. Rechts liegen die großen Boote, links das «Kleinvieh». Von den Silos riecht es

nach Getreide. Bauern fahren Trecker hin und her. Hühner
suchen sich ihr Futter aus den Fugen des Pflasters. Eine guß-
eiserne Wasserpumpe mit quietschendem Schwengel rundet das
bäuerliche Bild ab. Unser erster Ausflug galt jedoch nicht der
Pumpe, sondern einem verschwiegeneren Geviert, das sich auf
der Westseite des Hafens befindet, eben jenseits der dichten
Buschkrone, die dem Hafen Windschutz gibt. In Ermangelung
jeder anderen schnell erreichbaren Örtlichkeit spielt dieser
Platz seit undenklichen Zeiten die Rolle eines «Spritzenhau-
ses». Als der Orther Hafen im Jahre 1881 eingeweiht werden
sollte, fehlte es an einem würdigen Monument der Erinnerung
und des Dankes an den Spender. Für den Rest des Geldes, vielleicht auch von einer kleinen Umlage, wurde in Berlin eine
Büste Kaiser Wilhelm I. in Auftrag gegeben. Das Bronzebild
geriet nicht übermäßig groß. Es hätte sich auf dem Sims jedes
bürgerlichen Fin-de-Siècle-Kamins sehr harmonisch ausge-
nommen. Um so majestätischer ist der Ausblick, den der Lan-
desherr erhielt. Von der westlichen Befestigung schaut er weit
über die Wiesen und Deiche der Insel auf die See oder zumindest dahin, wo man sie unter der Weite des Himmels ahnt. Be-
merkenswert an dem Denkmal ist aber etwas anderes. Wilhelm I. steht oder thront in einer Art Gartenhag, den ein kleines schmiedeeisernes Gitter quadratisch um ihn bildet. Es hat
offenbar die Aufgabe, den alten Herrn vor Übergriffen aus
dem Volke zu schützen. Leider ist heute nicht mehr festzustel-
len, ob es erst aufgrund unliebsamer Vorkommnisse errichtet
oder vielleicht schon zur Einweihung im Verordnungswege aus
Berlin mitgeliefert wurde. Tatsache ist jedenfalls, daß das Gitter erst recht zum Übergriff herausfordert. Den freiheitsliebenden Segler muß es reizen wie Geßlers Hut, wenn er sieht, wie
sich ein helmbewehrter Preußenkaiser am äußersten Rande
seines Machtbereiches und mitten in freier, friedlicher Natur
mit einem schmiedeeisernen Gitter gegen seine Landeskinder
und deren Kindeskinder abschirmt. Wäre es noch ein in Größe
oder Erhabenheit imponierendes Monument, das nur mit weit
in den Nacken zurückgeworfenem Kopf sich bewundern ließe.

167

Ach, weit gefehlt! Dies im Salzwind ergrünte Konterfei ist eher der Größenordnung von Vorgartenzwergen zuzurechnen als einer respektablen Galerie preußischer Fürsten.

Als ich vor Jahren zum erstenmal von dem Denkmal und seiner «Zweckentfremdung» hörte, war ich ein wenig indigniert über derartige Auswüchse unter meinen Sportsfreunden. Aber schon kurze Zeit später ging ich eines Abends selbst in Orth an Land, und im Begriffe, mich in die nahen Büsche zu schlagen, stand ich jäh vor beschriebenem Denkmal. Eingedenk der Empfehlungen mußte ich mir eingestehen, daß dieses lächerliche Gitter wahrhaftig jeden normalen Bürger zur entsprechenden «Affekthandlung» herausforderte.

Rolling Home

Orth liegt bereits im Wochenendbereich der Travemünder Segler. Trotzdem brachen wir früh am Sonntagmorgen auf. Wer wußte, wie lange uns der Nordwestwind treu bleiben würde. Nutzten wir ihn also aus. Vor der Brücke kamen bereits ausreisende Yachten aus Burg uns entgegen. Mühsam kreuzten sie in der kabbeligen See des Sundes gegen Wind und Strom auf und stampften in den kurzen Wellen. Gischt flog über die Decks, und die Mannschaften hockten in gelbem Ölzeug in den Cockpits. Ihre Gesichter konnten wir nicht erkennen, aber sicher schauten sie neidvoll zu uns herüber, die wir uns von Wind und Strömung gemütlich vorwärtstreiben ließen, die Pinne in leichter Hand, hemdsärmelig und knochentrocken, umgeben von Kissen und Morgenzeitungen: ein friedliches Bild.

Selten kann man so regelmäßig und aus nächster Nähe, gleichsam von Bord zu Bord, die Auswirkungen von Bill und Unbill des Windes auf die Segler miteinander vergleichen wie im Fehmarnsund, wo die Boote sich in wenigen Metern Abstand passieren müssen. Ein und derselbe Wind schmeichelt dem einen und fährt dem anderen rüde mit Gischt ins Gesicht und treibt Strom und Seegang gegen sein Boot. Aber was heißt Unbill des Windes? Ginge es nur nach ihm, würde alles, was sich auf den Wellen bewegte, vor ihm und seinen aufgeblasenen Backen hertreiben. Nur menschlicher Ehrgeiz drängt ihm entgegen und fordert Wind und Wellen heraus. Soll der Mensch also seinen Kampf haben.

Auf der Tanja allerdings war niemand mehr in Kampfstimmung. Sonnend, badend und faulenzend wollten wir die letzten Meilen absolvieren. Und dazu bot sich uns auch reichlich Gelegenheit. Unter Dahme bargen wir die Segel, brachten zwei Pützen als Treibanker aus und sprangen in die blauen Fluten. Genüßlich tummelten wir uns in den Wellen, zogen wie Planeten unsere Kreise um die weißlackierte Tanja, die Sonne unseres süßen Lebens, die einzig und allein dazu da war, meiner Crew und mir die Zeit zu vertreiben. Es gibt viele Segler, die nie freiwillig von ihrem Boot aus baden würden. Sie werden es kaum als Kränkung empfinden, wenn ich ihnen unterstelle, daß ihnen das Zeug zum Playboy fehlt. Aber sie verzichten unbewußt auf ein ganz außerordentliches physisches Erlebnis: Das Sich-Lösen vom Boot, vergleichbar dem Abstoßen des flügge gewordenen Vogels vom entbehrlich gewordenen Nest, und der Eintritt des Körpers in ein anderes Element. Das Gefühl, sich schwerelos und unabhängig wie ein Fisch bewegen oder treiben lassen zu können, während der träge Rumpf des Bootes geduldig in der Nähe wartet, bis alle Badefreuden ausgekostet sind, kann mich berauschen und ist mir ein integrierender Bestandteil der Segelei überhaupt.

Wir kamen also zu einem ausgiebigen Bad, während das Mittagessen bereits auf dem Herd stand. Und auch während der üppigen Tafelei beließen wir Segel aufgetucht und die Treibanker im Wasser. Als wir später Dahmeshöft passierten, sank die Sonne schon langsam gegen die Kammer. Hinter einigen aufkommenden Wolken spreizte sie ihren goldenen Strahlenfächer über die Neustädter Bucht. Im Südwesten der kleine dunkle Buckel, das war schon Travemünde. Nicht das Brodtener Ufer mit Hermannshöhe, das man gemeinhin für den höchsten Punkt der Küste hält. Nein, der igelförmige Buckel, das kleine Waldstück über dem Golfhotel überragt die ganze Nachbarschaft. Die Steilküste kommt erst eine ganze Zeit später heraus. Das erste sichtbare Bauwerk der Stadt ist auch nicht etwa der Leuchtturm, was nahegelegen hätte, sondern der Wasserturm.

Nie ist mir klargeworden, warum Travemünde seinen Wasserturm höher angelegt hat als den Leuchtturm, oder warum man nicht einen Turm für beide Funktionen gebaut hat. Vielleicht hat das fiskalische Gründe. Der Standort des Travemünder Leuchtturms hat sowieso im Laufe der Zeit arg gelitten. Der bejahrte Herr erinnert mich an einen alteingesessenen Theaterabonnenten, der in der ersten Parkettreihe einen Platz innehat, es aber nicht wehren kann, daß ihm von Saison zu Saison immer neue Orchester-Reihen vor die Nase gesetzt werden. Hotels, Restaurants, Eisdielen, Lotsenhäuser, Schwimmhallen haben sich als privilegierte Newcomber des Weltbades systematisch in den Vordergrund gedrängt.

Früher noch als beide Steintürme sieht man von See her die braunen Masten der «Passat». Auch ohne Segel bildet ihr Rigg mit achtzehn dicken eisernen Rahen und steifgesetztem Gut einen imposanten Turm, der nun höher und höher vor uns aufragte in den fahl werdenden Abendhimmel. Mit der letzten Brise des Tages bog die Tanja um die algenbehangene Ankerkette des Windjammers, um sich in seinem Schatten ihren Liegeplatz zu suchen. Wir hatten den Ausgangspunkt der Reise wieder erreicht, der Kreis sich geschlossen.

Tanjas Kurs lag hinter uns: ein imaginäres Band gemeinsamer Erlebnisse. Tage auf engstem Raum und vollständig wechselnder Bilder. Stunden der Anspannung und Stunden der Idylle. Augenblicke der Reibungen und der Harmonie.

Aber immer waren wir verbunden durch das Bewußtsein wechselseitiger Verantwortung — untereinander und für das Boot. Nach einer schönen Reise darf sich eine Crew auch ein wenig über sich selbst freuen.

INHALT

Travemünde	16
Dahmeshöft	22
Burgstaaken auf Fehmarn	29
Peter Wiepert	32
Am Zwangsweg	41
Bagenkop	48
Marstal	57
Rudköbing	74
Tranekär	82
Lohals	87
Ristinge	94
Svendborgsund	102
Christiansminde	109
Taasinge	110
Troense	115
Lauritzens Seefahrtsschule	129
Faaborg	135
Poul Kinafarers Hof	141
Mads Tomat	145
Dyvig auf Alsen	153
Sonderburg	154
Siegfried Lenz	158
Orth auf Fehmarn	166

ABBILDUNGEN

Lenz' Haus auf Alsen	6
Yachthafen Svendborg	108
Seefahrtsmuseum Troense	117
Lila Dan	130
St. Nikolaus in Faaborg	137
Poul Kinafarers Hof	141
Außenhafen Sonderburg	157
Kaiser Wilhelm I. · Orth	168
Travemünde	171